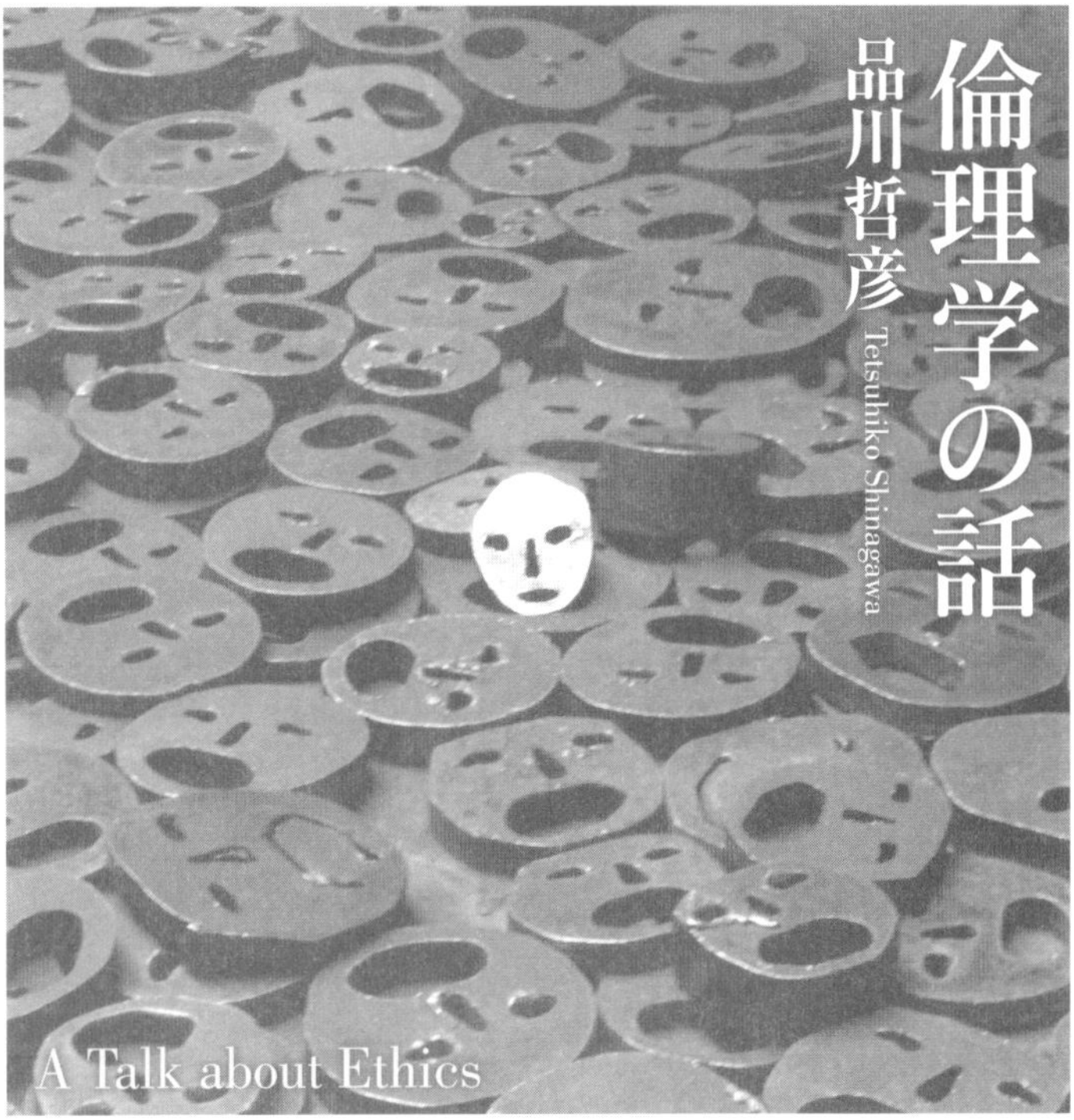

倫理学の話

品川哲彦

Tetsuhiko Shinagawa

A Talk about Ethics

ナカニシヤ出版

倫理学の話　目次

第Ⅰ部　倫理学とはどのような学問か

第Ⅱ部 倫理（道徳）の基礎づけ

第Ⅲ部　正義をめぐって

倫理学の話

第Ⅰ部　倫理学とはどのような学問か

■まず、倫理学とはどのような問題を探究する学問なのかというところから始めましょう。
第1章では、倫理学を成り立たせている三つの部門についてお話しします。第2章では、二〇世紀の倫理学の歴史を顧みながら、第1章でお話しした三つの部門についての理解を深めます。ところで、本書は倫理という概念と倫理学という概念とをはっきりと区別する立場をとります。第2章では、どうしてそのように区別することが必要なのか、その理由をお話ししましょう。

第1章　倫理学とはどのような学問か

1　倫理と倫理学の違い

これから倫理学の話をいたします。倫理を説くのではありません。(……同じじゃないか)。違います。

倫理(ここでは倫理と道徳という二つの語を同じ意味で使います[1])には、規範(「xすべきだ／してもよい／してはならない」)や価値(「x(すること)はよい／悪い」)が含まれています。かぎ括弧でくくったこれらの文を倫理的判断と呼んでおきましょう。xのところには、たとえば、「ひとに親切にする」「嘘をつく」というふうに具体的な内容が入ります。そこで、「ひとに親切にすべきだ」「嘘をつくのは悪いことだ」は具体的な倫理的判断の一例です。こうした複数の倫理的判断が(少なくとも表立っては）互いに矛盾せずにひとつのまとまり、ひとつの体系を形作っているもの――それが倫理です。互いに矛盾せずにと申しました。たとえば、「汝の敵を愛すべし」と「親の仇は討たなくてはならない」とは両立しません。でも、前者がキリスト教の倫理、後者が武士道の倫理というふうに別の倫理体系に属すことは可能です。ということは、倫理――複数の倫理的判断からなる体系――は複数ありえます。しかし、xにどのような内容が入ろうとも、倫理的判断はどれも、あなたにxするように、あるいは、xしないように勧めています。つまるところ、倫理とは、それだけをとってみれば、お説教にほかなりません。

これにたいして、倫理学（同じことですが道徳哲学）は倫理（道徳）について考える学問です。では、考えるとは具体的には何をするのか。まずひとつは、「xすべきだ／してもよい／してはならない」「x（すること）はよい／悪い」と教える倫理に向かって、「なぜ、xすべき／してもよい／してはならないのか」「なぜ、x（すること）はよい／悪いのか」とその理由を問うことです。たとえば、なぜ、動物を虐待してはならないのか。

> なぜなら、虐待を重ねるにつれて残酷な性格が形成されて、いずれは人間にも危害を加えるようになるから。(2)

はひとつの答えですし、

なぜなら、動物にたいする虐待行為が間接的に人間におよぼす影響とは関わりなく、苦痛を感じる動物を苦しめることがすでに悪だから[3]。

は別の答えです。同じ倫理的判断について、体系が違えばしばしば別の理由が提示されます。もし、納得のいく理由が見出されたら、その倫理的判断は「……だから、xすべきだ」と根拠づけられます。ある理由づけには納得できず、別の理由づけには納得できたら、後者の理由を用意した体系のほうが、いっそう説得力があるように思えてくるでしょう。とうとう納得できる理由がみつからないなら、その「xすべし」という教えは実際にはしなくてもいいことを押しつけているにすぎないと結論してよいでしょう。このように、しっかりと根拠づけられた倫理的指針を探究するこの倫理学の一部門を規範倫理学といいます。

2 規範倫理学

倫理的判断の体系のなかに理由が見出されるのは、そこに含まれている判断のなかのあるものが他よりもいっそう根底にあり、優先されるからです。たとえば、「人命を尊重すべし」という倫理的判断を支持しつつも、激痛と短い余命しか残されていない場合に、本人がそれを望むなら延命治療をやめてもいいのではないかと思うひともいるでしょう。その見解の是非はともあれ、このひとは人命よりも本人の意志決定がいっそう根底にあると考えており、人命尊重の倫理的指令が無効になる除外例を想定しています。ただし、その意志決定が一時の抑鬱や事実の誤認（実際には現在の苦痛を緩和できる薬があった、など）のもとで下されたなら認めるわけにはいきません。ここからわかるように、ある倫理的判断が発効する背景には、「pでないかぎり、かつ、qでないかぎり……」というふうにかなり複雑な前提条件があります[4]。規範倫理学の考察は倫理的判断の理由を探究するとともに、その倫理的判断が支持されるときの条件についても探究します。一言でいえば、規範倫理学は倫理的判断のひとつの体系を織りなしている構造を照らし出す営みなのです。

　なぜ、あらためてそうする必要があるのか。倫理は六法全書に収録された法文や会社の就業規則や生徒手帳に書いてある校則のように明確に規定されているわけではありません。というのも、倫理とは、私たちが特定の時代と地域に生まれ育ち、毎日の暮らしのなかで知らずしらずのうちに身につけていくものだからです。したがって、倫理は複数の倫理的判断が（少なくとも表立っては）互いに矛盾せずに形作るひとつの体系であるという先の説明はやや整理しすぎた定義で、倫理学による学問的反省をつうじてはじめてそのように把握されるようになるというほうがいっそう正確です。しかも、少なくとも表立ってはと断わりました。私たちは自分が依拠している倫理から逸脱した行為をしても気づかないときがあります。互いに矛盾する倫理的判断を信じているのに気づかずにいる場合さえありえます。たいていの場合、これらは他者に指摘されてはじめて気づかされます。さらには、たとえば、体細胞からクローンを作る技術が可能になったが、はたしてその技術を用いてひとりの人間を作ってよいかといった新しい問題が生まれることもあります。規範倫理学の考察は、こうした矛盾の暴露やそれへの批判をつうじて私たちが依拠すべき倫理的判断を見直したり修正したり、新たに出現した問題に対応しうる倫理的判断を探し求めたりする必要によって促されて始まることがつねなのです。

3　記述倫理学あるいは倫理思想史

これまで依拠してきた倫理に疑念が生じたり、既存の倫理では回答しがたい問題が現われたりすると、私たちは、自分が信じてきた倫理的判断が支持されてきたその由来を確認したくなり、あるいはまた、自分たちがこれまで従ってきたのとは異なる考え方を探したくなります。そこで、過去の哲学者の信頼できそうな倫理理論を研究したり、異なる時代と文化的伝統に生きたひとたちが奉じていた倫理を調べたりします。倫理学のこの一部門を（倫理思想史と呼んでもいいのですが）ここでは記述倫理学と呼ぶことにします。記述とは、実際にあったとおりに記そうとする作業をいいます。記述した内容が現実を反映していれば、その記述は真であり、そうでなければ偽（誤り）です。ある社会の倫理についてはその社会に生きたひとたちの遺した文献や資料や調査結果を最も矛盾なく納得のいくしかたで描いた記述が真であると認められます。哲学者の思想についてはその哲学者が遺した文献や発言を最も筋の通るしかたで描いた記述が真であると認められます。

記述倫理学は真なる理解をめざします。しかし、その成果がそのまま規範倫理学の求める答えにな

るわけではありません。たとえば、

ユダヤ教の一つの解釈では、出生後三〇日以内に死亡した乳児は流産とみなされるべきであるとしている。出生後三〇日以内の乳児には、この先まで生きながらえた子どもたちのような十分な地位はまだ与えられていなかった(5)。

この論者は、治療できるかぎりは手を尽くすべきだと考えるひとは多いが、不治の重い病気や障碍のある新生児は治療しないまま死なせてもよいのではないかと問いかけて、それを許容できる考え方を紹介しています。けれども、ユダヤ教についてのこの記述が事実だとしても、私たちはそこに記述された倫理的指針にすぐさま賛同するわけではなく、私たち自身で「治療すべきだ／治療しなくてもよい」のいずれかの倫理的判断を下さなくてはなりません。その考察は規範倫理学に属します。つまり、記述倫理学は過去の倫理理論や異なる文化の倫理を調べて、私たちがそれを参照することでこれまで信奉してきた倫理的判断を検討しなおし、その結果、自分たちの倫理的判断をあらためて確信したり、修正したり、ときには破棄したりするための考える材料を規範倫理学に提供するわけです。

4　メタ倫理学

さて、先ほど、規範や価値を含む判断を倫理的判断と呼びました。けれども、たとえば、将棋をさすひとが「あの手が敗因だった。あそこは飛車を打つべきだ」という場合、これは倫理的判断とはいえないでしょう。規範と価値は倫理的なものとはかぎりません。それゆえ、倫理的判断のなかで使われることば（「よい」「べし」「正しい」「善」「正義」「権利」等々）の意味の分析が必要です。倫理学のこの一部門をメタ倫理学と呼びます。(6)

それでは、倫理的な意味での「よさ」と他の「よさ」はどのように区別されるのか。これは難題です。きわめて鋭敏な哲学者ウリクトがこの主題と格闘し、よさをいくつかの種類に分類し、道徳的な意味でのよさを位置づけようと試みましたが、論点を整理して提示したとはいえ（それだけでもたいへんな貢献ですが）、すべての論者が納得する結論を得たわけではありません。(7) だが一方で、私たちは日常的に「よさ」の種類を区別できています。たとえば、誰かがあなたのことを「いいひとだ」と評していると聞いて喜んでいても、実際にはそのひとはあなたを役に立つ道具としてしかみていないとわかったら、鼻白む思いをするでしょう。倫理的な意味での性格のよさと道具としてのよさ、あるいは、特定の人間にとっての都合のよさとの違いに気づくからです。とはいえ、個別の場面で違いに気づくことと違いを一般的に定義することとは別です。倫理的な語彙《ごい》は難解な学術用語ではありません。多くは日常のことばです。しかし、一見、私たちがやすやすと生きているようにみえる日常生活は、実は異なる意味の領域や層が複雑に錯綜して重なり合ってできているのであって、そこにそれを分析するメタ倫理学の困難があります。

とはいえ、メタ倫理学もまた確たる成果を挙げています。倫理的判断には勧め（指令(8)と表現する論者もいます）が含まれているという前述の指摘もそれです。この指摘によって、善悪と好悪の違いが明らかになります。たとえば、私はアールグレイという品種の紅茶が好きですが、吉本ばななの小説『キッチン』の主人公はそれが嫌いです。[9] 好き嫌いを表明するだけでは、アールグレイを飲むように、また、飲まないように勧めたことにはなりません。ところが、「xするのはよいことだ」「xすべし」は、原則的に、誰もがいつでもどこでもxするように勧めています。むろん、「そうすべきだ。だが、君はしなくてよい」といった除外例はありえます。けれども、あなたがそういわれたら、自分が別扱いされる理由を知りたくなるでしょう。相手にはそれを説明する責任があります。なぜなら、倫理的判断はどれも、同じ条件にあるどのひとにもあてはまること（これを普遍妥当性といいます）を主張しているからです。ただし、それは主張ですから、主張されているとおりに実際に普遍妥当的なのかは、またしてもその倫理的判断の理由を問う規範倫理学の考察を通して吟味されなくてはなりません。

普遍妥当性は、当然、判断を下した本人にもあてはまります。私が「xすべし」「xするのはよいことだ」という一方で「私自身はxしなくてもよい」というなら、私は他のひとにも納得できるようなその理由を提示できなくてはなりません。つまり、倫理的判断はどれも、自分自身をえこひいきしないこと（えこひいきしないことを不偏性ないしは公平とも表現します）を要求します。かつまた、倫理的判断は時をへても妥当することを要求しますから、私がいったん下した「xすべし」「xするのはよいことだ」という判断は、状況の変化のために私がxしなくてもよい理由が生じないかぎり、効力をもちつづけます。したがって、倫理的判断は整合性、首尾一貫性を要求します。

このように、メタ倫理学は倫理的判断に用いられる語の意味を分析し、それをつうじて、倫理的判断がどのような性質をもつのかを、さらには、倫理とはどのようなものかを考察します。したがって、メタ倫理学は規範倫理学や記述倫理学にたいしてその研究対象を境界づけて画定する働きをしているわけです。

以上、規範倫理学、記述倫理学、メタ倫理学の三つの部門を紹介してきました。部門と申しましたが、これまで説明してきたことからおわかりのように、三つの部門のあいだには相互的な関係があります。すなわち、倫理学の思索をするときには、規範倫理学、記述倫理学、メタ倫理学は連動して働いているわけです。

第1章　註

（1）本書第17章、第18章では、道徳と倫理の二概念を区別します。

（2）カントは、長年飼ったあげく役に立たなくなった老犬を撃ち殺す行為を例に挙げて、そうしても犬への義務に違反したことにはならないと説明します。なぜなら、「動物はたんに手段として存在し、自分自身のために存在しているわけではない」ゆえに、義務の対象ではないと考えるからです。しかし、人間は目的として尊重されなくてはならないから（第7章参照）、「人類にたいして人間性を示すことは義務であり、その人間性を損なう」ゆえに、動物に無惨な仕打ちをしてはならないというのがカントの判断でした。（Kant, Immanuel, "Moralphilosophie Collins", in *Kant's gesammte Schriften*, Akademie der Wissenschaften der DDR（Hrsg.),

Bd. XXVII, Walter de Gruyter & Co., 1974, S. 458–S. 459. 以下、カントからの引用は慣習的に用いられている頁づけのひとつである上記のアカデミー版全集の巻数をローマ数字で、引用した箇所の頁をアラビア数字で記すことにします。なお、カントがこれを講義したのは一七八四－一七八五年でした。これ以降の引用文献については、［ ］のなかに原著の発行年を記します。上記の引用の翻訳は、「コリンズ道徳哲学」、『カント全集20　講義録Ⅱ』、御子柴善之訳、岩波書店、二〇〇二年、二六八－二七〇頁にあります）。

（3）第9章、ベンタムを参照。

（4）とくに二つ以上の義務が同時には果たせないときには優先順位をつけなくてはなりません。しかし、こうした優先順位や除外例は問題が起きたときに考えられるものであって、そうでなければ私たちは、通常、すべきことを義務と心得ています。ロスはこうした「道徳的に重要な他の種類の行為が同時にないなら、しかるべき義務となるような行為」を「一見自明な義務（*prima facie* duty）」と呼んでいます（Ross, Arthur David, *The Right and the Good*, Hackett Publishing Company, 1988［1930］, p. 19）。

（5）エンゲルハート、H・T、『バイオエシックスの基礎づけ』、加藤尚武・飯田亘之監訳、朝日出版社、一九八九年［1986］、一四七－一四八頁。

（6）メタとはもともとはギリシア語の前置詞で「あとで」という意味ですが、そこから「それについて反省を加える」というニュアンスをもって使われます。

（7）ウリクトはよさの種類として、道具としてのよさ（「よいナイフだ」）、技術的なよさ（「よいコックだ」）、存在のよさ（「健康だ」）、こころよさ（hedonic good）（「よい味だ」）、有益性という意味でのよさ（「運動は体によい」）、その下位区分としての有用性ないし功利的なよさ（「よいアドバイスだ」）などを挙げていますが、彼自身もこのリストで尽くされたとは考えておりません（Wright, G. H. von, *The Varieties of Goodness*, Thoemmes Press, 1996［1963］, pp. 8–11.）。道徳的なよさは、ウリクトによれば、ひとつの独立した種類を形成せず、有益性の下位区分の功利的なよさのなかに位置づけられます。というのも、彼は道徳的によい行為を「少なくともひとつの存在者のためになって、いかなる存在者にとってもためにならないことのない」行為、道徳的によい意図を「誰かにとってよいことがそれ自身のために意図されていて、その行為から誰にとっても害が生じることが予見されていない」意図と定義するからです（Ibid., p. 121, p. 128）。ちなみに、この定義でもすべての論者を納得させることはできないだろうと私が申したのは、たとえば、「ためになる（do good to）」とはどういうことをいうのか、また、ためになるかどうかを誰が判定するのかという点でなお見解が分かれるからです。

（8）ヘア、R・M、『道徳の言語』、小泉仰・大久保正健訳、勁草書房、一九八二年［1952］、二頁。

（9）吉本ばなな、『キッチン』、福武書店、一九九一年［1988］、一一五頁。

第2章

倫理の好きなひと／嫌いなひと、倫理学の好きなひと／嫌いなひと

1　二〇世紀の倫理学――メタ倫理学への注目

前章では、倫理学には、規範倫理学、記述倫理学、メタ倫理学という部門があり、そのどれもが不可欠だと申しました。とはいえ、個々の研究者が、あるいは、その時代の多くの哲学者がこれらのどれかに重点をおいて研究するということはありえます。二〇世紀前半、とくに英語圏では、メタ倫理学が倫理学の中核のように語られていました。

倫理学は疑いもなく善なる行為は何かという問いに関わる。しかしこのことに関わるといっても、もし善とは何であり、行為とは何であるかということを述べる用意がなければ、明らかにその緒

につくこともできない。（中略）そこでわれわれの第一の問いは、善とは何であり、悪とは何であるかということであり、この問い（あるいはこれらの問い）についての議論にたいして、倫理学という名を与える。なぜならこの学問は、いずれにしても、この問いを含まなければならないからである。(1)

これは、一九〇三年、ムアの著わした『倫理学原理』の一節です。倫理的判断のなかで用いられる善という語の意味の探究が学問としての倫理学に不可欠であるとは、メタ倫理学を通過しない倫理学はありえないということにほかなりません。それでは、善はどう定義できるのか。ムアの答えは（がっかりされるでしょうが）、善は定義できないというものでした。もう少し丁寧にいえば、「世界（自然）のなかに、つまり時間と空間のなかにある物や時間と空間のなかで起きるできごとに付随している性質や、さらには超自然的に存在するもの（があるとすればそれ）に付随している性質によっては定義できない——そこにこそ善という語の意味の特徴はある」というのがムアの主張です。

どうしてそうなのか、話の大筋をたどるために、自然のなかの物やできごとの性質の話にしぼりましょう。功利主義者ベンタムはあらゆる善は快楽ということに収束すると主張しました。快楽は世界のなかに生きている人間に起こるできごとであり、快楽をもたらす性質をもつ物もできごとも世界のなかに属しています。善い行為とは、結局、自分も含めて世の中のなるべく多くのひとを幸福にする行為のことだと考えるひとは、ベンタムを支持したくなるでしょう。この主張を「善とは快楽である」と略記しておきましょう。ところで、快楽はいつでも善でしょうか。すると、不幸でなくても酔生夢死のような生涯を送るのはよいことだろうかと疑うひともいるでしょう。この問いには肯定否定のいずれの答えもありえます。ところが、「善とは快楽である」という先ほどの定義が正しいなら、「快楽は善か」を「快楽は快楽か」といいかえてもいいはずです。しかし、後の問いには肯定の答えしかありえません。同語反復《トートロジー》なのですから。いいかえによって、問いの意味が変わってしまいました。ということは、「善とは快楽である」という定義は正しくないのです(2)。ムアはこうして善をなんらかの自然的性質によって定義することはできないと結論しました。

ムアの指摘から確認される要点のひとつは、倫理的判断の本質はすでに存在している物やできごとについての判断ではないということです(3)。倫理的判断「xはよい」や「xすべきだ」では、まだ現実には存在していないxという事態や行為をこの世界のなかに現実化することが要請されています。たんに未来のことがいわれているというだけではありません。六〇億年後の太陽についての予測は未来の状態を述べていますが、太陽を構成する物質とその量などによって因果的に規定されますから、その判断は依然として事実についての判断です。これにたいして、未来が実際に倫理的判断の指示するとおりになるかどうか、事実となるかどうかは、人間の意志と行為にゆだねられています(4)。事実についての判断と倫理的判断は類を異にしているのです。ですから、前者だけから後者を導出することはできませんし、前者によって後者を論駁《ろんばく》することもできません。「核兵器を世界中からなくすべきだ」という判断にたいして、核兵器が発明されてから世界中で廃絶された時期がこれまでなかったという事実を指摘しても、論駁したことにはなりません。

2　道徳的な行為への勧めは叫びにすぎない――情動説の挑発

さて、真偽が一義的に決定できる判断を命題と呼びます。ところで、命題の真偽は、その判断が事実と一致しているかどうかで決まり（そのことは、自然科学では観察や実験によって、歴史学や社会学などの社会科学では調査によって確かめられるでしょう）、そうでなければ、数学や論理学のように論理的に整合的かどうかで決まり、こうした命題が組み合わさってできたものだけが学問（科学）だという考え方があります。これを実証主義的科学観と呼びます。すると、倫理的判断は命題でしょうか。明確に否と答えたのが情動説でした。エイヤーは従来の倫理学の内容を、①倫理的判断に使われることばの意味の分析とその分析に照らしたそれらのことばの正しい使用法の研究、②個人や集団が行なう道徳的な行動や慣習といった道徳的な現象とそれが生じる原因の記述、③徳行への勧め、④倫理的判断に分類しました。①は語義の論理的分析、つまりメタ倫理学です。②は、エイヤーによれば、心理学や社会学といった記述的な学問の仕事です。③についてエイヤーは「道徳的な徳行への勧めは全然命題ではなくて、読者をある種の行動へと駆りたてるためになされた叫びまたは命令[5]」だと断じます。命題ではないから、③は学問には属しません。④も命題ではありません。すると、実証主義的科学観によれば、学問としての倫理学に残るのはメタ倫理学だけです。メタ倫理学は、なすべき行為やよい行為を教えません。そこで結論はこうなります。「倫理についての厳密に哲学的な論文はそれゆえ倫理的な発言はなすべきではない」[6]。

奇矯な主張と思われるでしょうか。でも、もし、あなたが、数学などの論理的な科学や自然科学や社会科学には正解があるが、倫理学には正解がないのではないかと疑っているなら、エイヤーの議論に賛同する気持ちに傾いてもおかしくありません。

それでは、情動説によれば、「xすることはよい」という判断はどういう意味なのか。「私はxしよう。君もそうしたまえ」ということにほかなりません[7]。こうして情動説が（少なくとも英語圏では）支配的な影響力を揮った一九三〇年代から六〇年代頃までは、具体的な倫理的規範を探求する規範倫理学はそれに比べると背景に退いていました。

3　情動説の後退と応用倫理学の登場

しかし、情動説も批判を免れませんでした。その難点はあまりに性急な議論の運びにあります。なるほど、叫び（「イェイ！」）でも身振り（拍手）でも自分の賛同する方向に他人を動かすことはできます。しかし、倫理的判断にはそう判断するだけの理由があります。それゆえ理由とそれによって裏づけられた判断との論理的つながりが弱いなら、そこを突いて反論できます。反論できる以上、叫びではなく、論理が働いているわけです。だとすれば、倫理的判断の根拠を問う規範倫理学も、やはり学問的探求の営みに属すでしょう。さらには、実証主義的科学観にたいする疑問も生まれました。観察するまなざしのまえに事実が唯一の見え方でおのずと現われるというわけではなく、ある特定のものの見方、つまり理論のもとではじめて、対象は観察されるようなしかたで見えてくるのかもしれません。(8) こうして、情動説と、そしてまた情動説が強力に提唱していたメタ倫理学こそが倫理学だという見解はそれまでほどの力を失い、それとともに一九六〇年代には、社会のなかに現われた新たな倫理的問題への指針を模索する規範倫理学の営みが勃興します。すなわち、医療や生物医学的研究の問題を論じる生命倫理学、環境問題への対処を図る環境倫理学、商品開発や先端技術がもたらす問題をあつかう工学倫理学、企業活動を論じる経営倫理学、情報化社会に生じる問題をあつかう情報倫理学、経済のグローバル化の孕む問題を論じるグローバル・エシックスなどなど、特定の領域の倫理的問題をとりあげるゆえに応用倫理学と呼ばれる諸分野が、とくに一九七〇年代以降、簇出《そうしゅつ》してきます。

それでは、メタ倫理学は一過的な流行だったのか。そうではありません。社会のなかに現われた倫理的問題について倫理的判断を下すときに用いられるさまざまな語彙《ごい》（善、当為、権利、義務、正義、責任、人格等々）の意味や用法は、メタ倫理学による究明をつうじて、しかもそれらが歴史的に形成されてきたものである以上、記述倫理学の成果を参照して定められているものだからです。倫理学のこれらの蓄積を顧みずに、自分がよいと信じる教えを垂れるだけではたんなるお説教であって、倫理学ではありません。

4　倫理の好きなひと／嫌いなひと、倫理学の好きなひと／嫌いなひと

こうしてふたたび第1章の冒頭に記した倫理と倫理学の違いに戻ってまいりました。そこをそれほ

ど強調する必要があるだろうかといぶかしむひともいるかもしれません。倫理学の研究者（の少なくとも一部）がそこに敏感なのは、ひとつには、倫理的判断がまさに他人をある行動へと駆り立てる力をもち、それゆえ往々にして暴力や抑圧につうじるからです。中勘助《なかかんすけ》の小説『銀の匙《さじ》』の主人公は小学校の修身（明治時代に設置された道徳教育の科目）の時間に、なぜ孝行すべきかと教師に質問します。生きていられるのは親のおかげだと答える教師に、主人公はそれほど生きていたいとは思わないと応じ、教師がなおも親の恩を説くと、主人公は、孝行を意識しないときのほうが孝行だったと答えます。

> 先生はかっとして「孝行のわかる人手をあげて」といった。ひょっとこめらはわれこそといわないばかりにぱっと一斉に手をあげてこの理不尽な卑怯なしかたに対して張り裂けるほどの憤懣をいだきながらさすがに自分ひとりを愧《は》じ顔を赤くして手をあげずにいる私をじろじろとしりめにかける。私はくやしかったけれどそれなりひと言もいい得ずに黙ってしまった。それから先生は常にこの有効な手段を用いてひとの質問の口を鎖《とざ》した［。］[9]

他の生徒が手をあげるのは、孝行がなぜ善であるかがわかっているからというよりも、「孝行がわかる」人間であること（少なくとも自分をそう見せること）がこの場の「正解」だと心得ているからにすぎません。こんなふうに付和雷同するのは子どもだけではありません。おとなもまたそのときどきの権威に随従します。教室のみならず一般社会においても、倫理（道徳）は、われひとともに知らずしらずのうちに、いやそれどころかみずから進んで、周囲の他人に同調する（小説の表現を借りれば）ひょっとこ野郎になるようにしむける装置としても働きます。一体化した集団のなかでは、倫理は誰にもわかる自明な常識だと宣言され、そのために、倫理を守る理由を問う問いは封じられ、それを問う者は集団から排除されます。しかしながら、倫理学はまさに倫理が帯びているこの権威が正当なものかどうかを問います。なぜなら、倫理学は、あたりまえと思われていることをあらためて根底から問いなおす営み――哲学の一部だからです。ですから、倫理学は、いわば、倫理のなかに内包されている毒を防ぐ解毒剤なのです。

だとすれば、自分自身の倫理観に断固たる自信をもち、他人を教導しようと考えるような倫理好きなひとのなかに、その信念に疑問を投げかける学問である倫理学を嫌うひとがいてもおかしくありません。逆に、世間を教導する倫理は嫌いだが、世間に流通している倫理観にあえて反省を加える倫理学には関心があるというひともいるかもしれません。

とはいえ、倫理学はたんに哲学的な、知的な関心だけで行なわれるだけではありません。なぜなら、規範倫理学は「……だから……すべきだ」という答えを求めるからです。その答えが確立されたなら、この判断は、前章にみたように、普遍妥当性を要求しますから、他のひとにも同じようにするように働きかけます。つまり社会を導こうとする志向を帯びています。それゆえ、倫理学は、社会のなかで生きていくかぎりは守らなくてはならない最小限の規則を研究対象とする法学、社会の構成員のそれぞれがよいと考える人生を送ることができる基盤を研究対象とする政治学、社会の構成員のそれぞれにとってよきもの（善、財）がどのように生産され、流通し、配分されていくかの過程を研究対象とする経済学と密接に関連します。

　ところが、いったん確立した答えについても、倫理学は問いをぶつけずにはいません。すると、答えが決まったとはなかなかいえないということになるでしょう。それでは、答えが決まらなければ、倫理学の思索は無意味でしょうか。私は無意味だと思いません。「自分は何をすべきか。世の中には「こうすべし」という教えが流通しており、自分もその教えになかば染まっている。そういう自分は、どのようにしてできあがったのだろうか。そして、その教えをほんとうに自分は支持できると思っているのだろうか」と問うことを通して、自分自身を自分自身にたいして少しでも濁りのないものにしていくこと、自分で自分を信頼でき、責任のとれる者にしていくことに意味はあると思うからです。

　こう申しますと、社会を導くほうを社会倫理、自己自身にたいする誠実さを求めるほうを個人倫理と区別したくなるひともいるでしょうが、その区別はあまり意味がありません。というのも、後者に含まれている、今現にある自分は今あるのとは違う本来そうあるべきはずの（たとえそれを今探索中であれ）自分とずれているという意識は、前者の根底にもあるだろうからです。そうした内省がなければ、前者は、他人に自分を範として押しつける厚かましいお説教や、自分のことは棚に上げた調子のよい言いぬけや、集団のためだけを考えて集団を構成する成員のことを忘却し、自分もその成員のひとりであることを自己忘却した――本人はそれをむなしいと感じていなくても――ニヒリズムにたやすく陥ってしまいかねません。
学問のなかには、社会に働きかけたり物を生産したり加工したりする、つまり研究対象を操作するのに必要な知を求めるものがあります。しかしそれとは別に、自分自身の深みをのぞきこみ、自分を自分にたいして明らかにしていく学問もあります。倫理学は、成果として前者の要素を含んでいるものの、その根底では後者のタイプの知的探求なのです。

第2章　註

（1）ムア、G・E、『倫理学原理』、泉谷周三郎・寺中平治・星野勉訳、三和書籍、二〇一〇年［1903］、一〇五頁。
（2）答えが肯定否定の決まっていない問いが、答えの決まった問いに変わってしまうことを指摘するこの論証のやり方を未決問題論法と呼びます。
（3）このゆえにムアは、善を超自然的な存在によって定義する倫理理論も退けたのでした。存在（である）から価値（よい）や当為（べし）を引き出すことができるというこうした考え方を、ムアは自然主義的誤謬と呼んで批判しました。
（4）このことを適合方向の違いとも表現します。事実についての判断は世界にあるモノやできごと、つまり事実との合致をめざすのにたいして、倫理的判断はその判断が示唆する事態を現実化するように世界に働きかける方向に向かいます。
（5）エイヤー、A、『言語、真理、論理』、吉田夏彦訳、岩波書店、一九五五年［1936］、一一三頁。
（6）同上、一二四頁。

（7） スティーヴンソン、C・L、『倫理と言語』、島田四郎訳、内田老鶴圃、一九九〇年［1956］、二九頁。

（8） これを観察の理論負荷性といいます（ハンソン、N・R、『科学的発見のパターン』、村上陽一郎訳、講談社学術文庫、一九八六年［1958］、四一頁）。この考え方に影響された科学観は、クーン、Th、『科学革命の構造』、中山茂訳、みすず書房、一九七一年［1962］を参照。観察の理論負荷性は第22章**4**でもふたたび言及します。

（9） 中勘助『銀の匙』［1915］、『中勘助全集 第一巻』、岩波書店、一九八九年、一四二－一四三頁（［ ］は品川による）。

第Ⅱ部　倫理（道徳）の基礎づけ

▒以上、第Ⅰ部で、倫理学がどのような学問か、おおよその見当がついたのではないでしょうか。第Ⅱ部（第3章－第11章）では、「なぜ、倫理（道徳）を守るべきか」「いったい、何にもとづいて倫理（道徳）を守るべきだといえるのか」という問いにたいして、どのような答えがこれまで用意されてきたのか、その代表的なものをお話ししていきたいと思います。順に、倫理（道徳）の基礎を自己利益におく見解、人間にもともと備わっている共感能力に基礎づける見解、義務倫理学による基礎づけ、社会全体の幸福に基礎づける見解をとりあげます。

「なぜ、倫理（道徳）を守るべきか」という問いは、特定の内容をもつ規範についてその根拠を問い、提示する規範倫理学の問いというよりも、いかなる内容の規範がそこに含まれているにせよ、種々ある特定の規範から成る倫理（道徳）なるものをそもそも守る理由は何だろうかという問いです。本書がこの問いをとりあげるのは、それがまさに倫理学の中心の問題にほかならないからです。

第3章

倫理（道徳）を自己利益にもとづけるアプローチ（一）
――プラトン

倫理（道徳）を守ると、その本人の利益となる――これが、倫理を守る根拠として最初に提示されたことに違和感を抱くひともいるかもしれませんね。「そもそも利己心を戒めるのが倫理ではないか」、と。いや、自分の利益を守る行動が必ずしも他人の利益を蹂躙《じゅうりん》する行動になるとはかぎりません。「おや」（と別のひと）「結局、倫理はみんなのためになるというきれいごとの話なのか。自分の利益しか考えられない人間も倫理を守る気になるような議論かと思ったのに」。いや、そういう議論です。倫理（道徳）を守るほうが自分のためになるという論証ができれば、「よい」という語をただ自分にとって都合がよいという意味でしか理解できないようなひともまた、倫理を守るほうがよいと考えるようになるでしょう（たとえ、そういうひとだけが今から紹介する論証の対象ではないにしても）。こうした論証を最も早くに試みたのはプラトンです。その議論をみてみましょう。

1　ノモスとピュシス

プラトンが生きた紀元前五―四世紀のギリシアは交易がさかんでした。交易を通してギリシア人は土地によって慣習がさまざまであることに否応なく気づかされました[1]。価値観の多様性の認識は、第1章の記述倫理学のくだりで申しましたように、自分たちの倫理を再検討する契機です。法や倫理はその特定の社会の決まりごと。人びとが本心からありのままに望んでいることではないのかもしれません。ギリシア語でいえば、ノモス（慣習、法）とピュシス（自然）は対立する。それでも人びとが本音を隠して、社会が教える建前に従うのは、法や倫理に背くと罰せられたり名誉を失ったりするからではないか。だとすれば、他人から受けるそれらの制裁を被るおそれさえなければ、法や倫理を守る理由などないではないか――まさにこの問いを対話篇『ゴルギアス』はあつかいます。

ゴルギアスはソクラテスより一〇歳余り年上の有名な弁論家。弁論術とは、法廷や政治集会の場で人びとを説得して自分の意見に従わせる技法です。大衆操作で力を手に入れるこの弁論術に心服している登場人物ポロスの考えでは、不正を行ないながら、本人が掌握した力ゆえに不正を咎められたり報復されたりすることなく生きている者こそが最も幸福です。これにたいして、登場人物ソクラテスは、ひとに不正を行なうことこそ害悪のなかでも最大の害悪だと主張します。たんにノモスの観点からみて悪（不正）というだけでなく、本人自身にとっても実際に害となるという主張です。これに驚いたポロスは、ひとに不正を行なうよりも自分が不正な目にあうほうを望むのかとソクラテスに問いただします。

ソクラテス　僕としては、そのどちらも望まないだろうね。だがもし、ひとに不正を行なうか、それとも、自分が不正を受けるか、そのどちらかがやむをえないとすれば、むしろ不正を受けるほうを選びたいね。(2)

こうしてソクラテスとポロスの対話が展開するのですが、それを圧縮した形で示しましょう。というのも、大衆の気に入りそうな言葉に訴えて聴衆を操作する弁論術と、問答をつうじて合意した見解にもとづいて論証を築き上げていく哲学的問答法《ディアレクティケー》との対比がこの対話篇のひとつの眼目なので、せめて形ばかりに後者の特色をお伝えしたいからです。

「何かがみごとだ（美しい）というとき、その何かは本人にとって快くて、かつ、ためになることか、少なくともそのいずれかではないだろうか」。「そう思います」。「すると、何かがみっともない（醜い）とは、その何かが本人に苦痛と害悪をもたらすか、少なくともその一方をもたらすことにならないかね」。「美と醜は逆ですから、そうなりますね」。「ところで、ひとに不正を行なうのと自分が不正を受けるのとでは、どちらがいっそう醜いだろうか」。「それはひとに不正を行なうほうです」。「すると、ひとに不正を行なうことは自分が不正を受けるよりも、その本人にいっそうの苦痛といっそうの害悪をもたらすか、少なくともその一方をもたらすことにならないかね」。「先ほどの合意からすると、そうなりますね」。「では、ひとに不正を行なうのと自分が不正を受けるのと、本人にとってどちらがいっそう苦痛だろうか」。「それは自分が不正を受けるほうです」。「すると、ひとに不正を行なうことが自分が不正を受けるのよりもみっともないのは、苦痛ゆえではないのだから、もうひとつの理由からなわけだ。すなわち、ひとに不正を行なうことは自分が不正を受けるよりもいっそうの害悪をもたらす。こうなるね」。「そうなるようですね」。

だが、不正をしても裁かれさえしなければ、不正をした本人にとって害にはならないのではないでしょうか。ソクラテスの反駁《はんばく》は（紙幅の都合で論理の筋道だけ示せば）こうです。甲が乙にxということをすれば、乙は甲にxされたにほかならない。裁くとは正しいことをすることだから、裁かれるとは正しいことをされることだ。正しいことは立派な（美しい）行為だから、本人に快くてためになるか、少なくともその一方である。だが、裁かれる者にとって、裁かれるのは快ではない。それゆえ、裁かれることは本人のためになる。逆に、不正をして裁かれないままでいるのは、本人にとっていっそう害悪だ。

こうしてポロスは論駁《ろんぱく》されます。ところが、ここに別の登場人物カリクレスが発言します。彼によれば、ポロスが論駁されたのは、「不正を行なうことは醜い」と同意したためです。これはノモスの観点からの評価です。ポロスはそれを建前といいながら、実は常識人だったのか、うっかり自分もその建前を口にしてしまったのです。そこでカリクレスはノモスの教える建前をかなぐりすてて、痛快なまでにあけすけに彼の考えるピュシスのありようを論じます。すなわち、動物の争いや人間社会でも国家や種族のあいだの争いをみればわかるように、明らかに自然にあっては、強者が弱者より多くを得ている。それでは力の弱い大多数にとっては不利である。したがって、弱い人間たちは欲求の抑制を説く法や倫理、ノモスを設定して、力ある者からその力をほしいままに発揮する自由を奪ったのだ、と。(3) してみれば、ピュシスの観点から――つまり人間のあるがままの状態からいえば、有能な者にとっては倫理（道徳）を守ることこそが害悪にほかならないというわけです。

カリクレス　いや、ソクラテス、真実には、こうなのだ。贅沢《ぜいたく》と、放埒《ほうらつ》と、自由とが、背後の力さえしっかりしておれば、それこそが人間の徳（卓越性）であり、また幸福なのであって、それ以外の、自然に反した人間の約束事は、馬鹿げたたわごとにすぎず、何の値打ちもないものなのだ。（中略）

ソクラテス　そうすると、何ひとつ必要としないひとたちが幸福であるといわれているのは、間違いだということになるのだね。

カリクレス　そう、間違いだとも。だって、もしそうだとすれば、石や屍が一番幸福だということになるだろうから。(4)

ここから論点は、欲求にかられた状態（したがって、必要なもののある状態）が幸福かどうかという点に移ります。それについては、上述の論点をもう一度大きくとりあげた『国家』での議論を参照

することにしましょう。ちなみに、カリクレスと同様の主張は二千年余りを経てニーチェによってふたたび提示されました。(5)

2 魂の三区分説——心理学的な論証

『国家』では、ギュゲスの指輪という寓話が紹介されます。羊飼いギュゲスが偶然拾った指輪は玉受けを内側に回すと自分の姿がひとには見えなくなるという魔法の品でした。ギュゲスは指輪を利用して王妃と通じ、国王を殺し、国を簒奪《さんだつ》します。さて、こういう指輪を手にしたら、誰もが悪用するでしょう。それでもなお法と倫理を守るひとがいるとすれば、立派というよりも、自己の得になることをみすみす見逃してしまう愚か者にみえるかもしれません。してみると、「正義とは、不正を働きながら罰を受けないという最善のことと、不正な仕打ちを受けながら仕返しをする能力がないという最悪のこととの、中間的な妥協(6)」にすぎないのではないか。『ゴルギアス』で提起された問いがこのように定式化されて、登場人物ソクラテスにふたたびつきつけられます。

ソクラテスが論証すべきは、不正ではなく正義こそが本人にとって最善、つまり本人の幸福だということです。そのためには、正しいひととはどういうひとか、その魂のあり方を知らねばなりません。ところが、魂は知りがたい。それを知るには、個人の魂と相似形でいっそう大きなものを調べるほうが便宜だ、とソクラテスは提案します。それは国家です。というわけで、『国家』と題した一〇巻から成る大部の対話が展開されるのです。

ひとそれぞれに得手と不得手があるので、人びとは分業し生産したものを交換し、国家を形成します。誰もが自分の職能についてはなにがしかの専門の知を身につけます。それは生きていくため、私利私欲のためです。他方、国家の成員全員の幸福、国家全体にとっての善を洞察するには、個別の専門を超えた知を要します。さらに、外国から自国を守る勇気を備えた人材も必要です。各人が自分の任務を遂行して他の領分を侵さないことが正義ですから、[7] 知を愛する者がその知のゆえに国家を守護し統治する立場に就き、その適切な指導のもとで、軍人はその持ち前の勇気を奮い、その他の一般人は自分の望む豊かな暮らしを追求する――これがソクラテスの描く正義にかなった国家でした。[8] この三種の人間の類型に相応するものを魂のなかに求めるなら、知を愛する者には理性が、名誉と矜持《きょうじ》を尊ぶ軍人には気概（誇り）が、物質的富を求める者には欲望が対応します。したがって、正しい魂とは、理性が全体を統御し、そのもとで気概と欲望とが機能している魂です。

ところが、いかなるものも時とともに変容を免れず、ソクラテスの描いた正義にかなった国家もそうです。守護者の階層が名門化し、理性よりも気概に支配されるようになると、この国家は質朴を尊び、好戦的で武断的な名誉支配制に、ついで支配層が欲望に支配されると寡頭制に、しかしお金持ちのお坊ちゃんが実力に欠くことは早晩知れわたりますから実際の働き手が政治に参画する民主制に転じます。民主制では、価値観が多様化し、あらゆる種類の欲望が優劣の差なく追求されます。そのなかから、みんなが欲望を満たす社会を作ると約束するポピュリストが登場して大衆の支持を得て実権を掌握し、しかし掌握するや独裁者と化し、国民を隷属させます。五つの政治体制を比較すると、国民は最後の僭主政治のときが最も不幸であり、最初の哲人支配のときに最も幸福――少なくともプラトンの考えでは――です。

国家についてそういえるなら、ひとりの人間としてはどうでしょうか。理性、気概、欲望という魂の三つの部分のどれが魂を支配しているひとが一番幸福か。誰しも生きているかぎりは食欲や性欲その他の欲望の充足を経験するでしょう。したがって、欲望の求める快楽については、三種類の人間全員が経験しています。気概の求める快楽である誇りについては、勇者のみならず、知を得た知者や富を得た富豪も自分を誇らしく思うでしょう。しかし、知を得た快楽は知者だけが経験します。その知者は、欲望を充足したときの快楽も気概が満たされたときの快楽も知りながら、その二つにまして知を請い求めます。ということは、

ソクラテス　三種類の快楽のうちで、われわれがそれによって物を学ぶところの魂の部分がもつ快楽こそが、最も快いものであり、そしてわれわれ人間のうちでは、まさにその部分が内において支配しているような人間の生活こそが、最も快い生き方である、ということになるわけだね。(9)

その逆の最たる者、理性の抑制がきかずに欲望にひきずられる独裁者の魂は、

ソクラテス　たえまなく欲望の針によってむりやりに引きまわされて、騒乱と悔恨に満たされ、

（中略）必然的に、つねに満たされぬ状態にあるということになる。[10]

たいへん長い道のりでしたが、結論はこうです。ギュゲスの指輪を手に入れて、社会による制裁を受けずに欲望のままに生きる人間は幸福か。否、最も不幸でみじめだ。みずから理性によって欲望を制御するほうが幸福である。ということは、法、倫理（ノモス）を守って生きることは、人間本来のありよう（ピュシス）からしても自分のためになる。だから、ノモスとピュシスは対立していない。逆に、規範を逸脱して欲望のままに生きれば、いつまでも満足が得られぬまま、ただただ消耗、疲弊していくばかりである、と。

以上、魂（psyche）の三機能に関する理論（logos）に即して倫理の遵守を自己利益に根拠づけるプラトンの議論を、ここでは、心理学的（psychological）論証と呼んでおきます。

3　太陽の比喩——形而上学的な論証

しかし、知を求めるそのこと自体が欲望ではないか——こう問うひともいるでしょう。そこで、プラトンのいう知がいかなるものかについて最小限ふれておきます。

プラトンは思惟によって知られるものと見られるもの（感覚されるもの）とを分けました。後者のなかには、原物とその影や鏡像があります。たとえば、湖のほとりに立つ木と水面に映る木の影です。思惟のなかにも、像を用いる知的探求があります。図形を描いて考察する幾何学はその例です。目に見える描かれた三角形を足場として、目に見ることのできない三角形そのものについての知を求めているわけです。共通の前提（公理）から出発するこうした学問は前提をさかのぼることはできません。他方、像を用いずに原物に向かう知的探求があります。知的探求の対象たる原物とは永遠不変の何々そのもの――たとえば、美しさについてなら感覚できる個々の美しい物ではなくて美そのもの。これをイデアと呼びます。しかも、イデアは感覚できるものの原物であり、後者はその像（写し）なのです。たとえば、目に見える美しい物は美のイデアに関わっているがゆえに美しい。美のイデアは自分が経験してきた美しい諸物から共通の性質（美しい）を抽象して考えつくものだとプラトンは考えませんでした。なぜなら、私たちははじめて見た物を美しく感じることができますが、それは美のイデアが先行して私たちに知られているからです。「この絵は今まで見たなかで一番美しい」といっても、その絵そのものが美のイデアではありません。その絵を見るまえに、別の複数の絵の美しさを比較していたなら、比較の基準として美そのものは私たちのなかですでに働いていたからです。だからといって、美とは何かを私たちが語る準備ができていたわけではありません。イデアについての知を得るには、哲学的問答法（対話）を通して近づかねばなりません[11]。

留意すべきは、その知的探求は（イデアは永遠不変なのですから）イデアの認識において終結するもので、現代の科学技術の知のように次から次へ新しい課題を切り開いていくような営みではないということです。

さて、物を見るには視力と見られる物のほかに太陽の光を要します。思惟による認識にも思惟する者ともろもろのイデアのほかに必要なものがあります。善のイデアがそれです。そこから善のイデアは太陽にたとえられます。さらには、太陽のおかげで万物が生長していくように、善のイデアこそがもろもろのイデアに実在を備えるとされます[12]。

専門家の言でも「いくつかの謎あるいは問題が残る[13]」といわれるこの議論についてはこれ以上立ち入れませんが、しかし、次の点だけは示唆しておきます。

太陽の比喩は善のイデアとその他のイデアとの関係ですから、善のイデアが私たちの感覚できるこの世界の物やできごとに直接に働いて、それを肯定しているわけではありません。とはいえ、この世界に存在するものが（そのものが何であるかに対応する）イデアによって存在する以上は、間接的には、この世界の存在者も善に関わっているはずです。すなわち、個々の存在者には、それが何であるかに応じて（たとえば、人間なら人間であることに即した）本来のあり方（自然本性）があり、本来のあり方といわれる以上は、その存在者はその本来のあり方を実現すべきだ（実現することが善である）という規範があることになろうということです。

イデアをめぐる論証はまさに経験によっては証明されも否定されもしない形而上学に属します。経験に訴える心理学的な論証のさらなる背景に控えていて、ピュシス（自然）とノモス（規範）を関係づけるこの議論を、ここでは、形而上学的な論証と呼んでおきます。

いかがでしょうか。プラトンの論証に納得しましたか。人間には人間本来のありようがあり、そこから外れるのは不自然だから不幸につうじるとお考えなら、形而上学的論証、心理学的論証のいずれにも惹かれるかもしれません。形而上学的論証に否定的でも、欲望に苛まれるのは幸福ではないことは経験的に知っているという方は心理学的論証には納得されるでしょう。形而上学的論証にも心理学的論証にも不賛成の方もおられるでしょう。現代では、後二者の見解をとる方が多い一方、最初の見解の支持者も稀ではないかもしれません。私にはそのいずれの理由もわかるように思えます。この点については第5章でふたたびふれることにいたしましょう。

第3章　註

（1）ギリシア人が文化の相対性についてどれほど豊富な知識と鋭い観察を得ていたかは、たとえば、ヘロドトスの『歴史』のなかの諸民族の記述のなかによく示されています。

（2）プラトン『ゴルギアス』469C（プラトンからの引用の慣例に従い、ステファヌス版全集の頁と段落を記します。邦訳は、『プラトン全集9』、加来彰俊訳、岩波書店、一九七四年、七〇頁によりますが、以下も同様ですが、表記や表現を一部変えています）。

（3）同上、482C–484C（邦訳、同上、一一一–一一七頁）。

（4）同上、492B–492E（邦訳、同上、一三八–一三九頁）。

（5）ニーチェ、『道徳の系譜』のとりわけ第一論文を参照。

（6）プラトン、『国家』359A–359B（『プラトン全集11』、藤沢令夫訳、岩波書店、一九七六年、一〇八頁）。

（7）同上、433A（邦訳、同上、二九六頁）。

（8）「知（sophia）を愛する（philo）者（philosophos）」とは訳しかえれば「哲学者」ですから、これが有名な、というより悪名高い哲人支配の話です。ただ、ここには、知は知の所有者自身のためではなく、その知を用いて善い状態に導かれる対象のためにあるという前提があり、さらに、守護者が私利私欲に走らぬための方策が説かれていることにも留意すべきです。もっとも、その方策がまたしても悪名高い、家庭や私有財産の否定ですが。

（9）同上、583A（邦訳、同上、六六一頁）。

（10）同上、577E–578A（邦訳、同上、六四七頁）。

（11）このくだりは線分の比喩といわれます。線分AB上に点Cを置き、目で見られるものをAC、思惟によって知られるものをCBとし、次にAD : DC = CE : EB = AC : CBとなるように点D、Eを置くと、目で見られる像はAD、目で見られる原物はDC、幾何学で用いられる図はCE、イデアはEBに対応します。（同上、508D–511E、邦訳、同上、四八三–四八九頁）。

（12）同上、508A–509B（邦訳、同上、四七九–四八三頁）。

（13）田中美知太郎、『プラトンⅡ』、岩波書店、一九八一年、四六三頁。また、藤沢令夫、『プラトンの哲学』、岩波書店、一九九八年、一一二–一二八頁に簡潔な解説があります。

第4章 倫理（道徳）を自己利益にもとづけるアプローチ（二）
——ホッブズ

倫理（道徳）を守るのは自分のためであるという考えのもうひとつの例としてホッブズをとりあげましょう。ホッブズはイギリスのひと。一五八八年に生まれ、一六七九年に死にました。彼の誕生の年、イギリスはスペインの無敵艦隊を打ち破り、スペインから制海権を奪い取ります。一六四〇年から六〇年にかけては、イギリスは清教徒革命による内戦状態にありました。ホッブズ自身も一六四〇年から五一年までフランスに亡命します。(1)「恐怖との双子」(2)を自称し、戦乱の世に生きたこの哲学者は、一方で、どの陣営にとっても不幸な内戦をみずから惹き起こしてしまう人間の性質を見据えつつ、他方で、そこから人びとが共存する可能性を導き出す社会契約論を提示しました。その思想は、通常、政治哲学としてあつかわれますが、ここでは倫理学の観点から論じることにいたします。

1 万人の万人にたいする戦い

社会契約論とは、もともとはばらばらであるはずの個人がどうして社会を形成するにいたるのかと問い、その答えを個人間の契約に見出す理論です。この理論が盛んだったのは中世ヨーロッパの社会秩序が壊れて近代の国民国家が登場した一七－一八世紀で、ホッブズのほか、ロック、ルソーなどが自説を展開しました。その内容に違いはあれ、いずれにしても、社会契約論は、いったん社会が形成される以前の状態を想定しないといけません。それを自然状態と呼びます。現実には、私たちは社会のなかに生まれてくるので、自然状態を想定するのは思考実験です[3]。ちょうど古典力学者が運動を考えるさいに摩擦や空気の抵抗の存在しない理想状態を想定したように、社会契約論者は社会のなかで形成されたもの、たとえば人間の定めた法や倫理はないものとして考えるわけです。こうして社会契約論は、自然状態から国家が形成される過程と、国家が存在する理由について統治される国民の側にも支持できる説明とを提供しました。社会と国家は違いますが、社会契約論にいう社会は、さしあたり国家と考えてかまいません。国際的な集団安全保障が現代のようになかった時代には、国家間の関係は一種の自然状態と考えられたからです[4]。

それでは、法や倫理もない状況にある人間はどんなふうでしょうか。少なくとも互いに利己的でしょう。というのも、どの人間も仲良く社会を築く傾向をもっていると前提したなら、社会が存在する理由を考えるまでもないからです。ホッブズの考えた自然状態における人間は、恐れと誇りの二つの情念と理性をもっています。自然状態には法や倫理はないので、いつ他人から襲われるかもわかりません。それにたいする恐れ。しかしまた、自分はむざむざやっつけられないぞという誇り。それに「こうしたら、こうなるだろう」と推論する能力という意味での理性です。さて、これだけの材料から社会が作り出せるでしょうか。ホッブズの論証をみていきましょう。

まずホッブズはこう宣言します。「人びとは生まれながら平等である」(5)。たしかに、膂力《りょりょく》の強いひともいれば敏捷《びんしょう》なひともいるように、心身の個々の能力には個人差があります。だが、諸能力をひっくるめると、誰も他人に必ず勝てるというほどには優れていないという意味です。というのも、人びとは自分自身の能力に満足しており、みなが自分の分け前に満足していることほど、平等に分けられている証拠はないからだとホッブズはいいます。どうでしょう。あなたは不賛成かもしれません。自分のように自信のない人間もいる、と。けれども、すると、ホッブズの勝ちなのです。というのは、あなたはホッブズよりも自分のほうが正しく、真相を突いているのだと主張しているわけで、つまり、自分の賢明な判断を自負していることになるからです(6)。

能力の平等から希望の平等が生まれます。自分が欲しいものを誰かが手に入れたら、自分もまたそれを獲得できるはずだと考えます。ところが、そのものがそれを欲しがる人びとに十分に行きわたるほどにないならば、人びとはそれをめぐって敵対します。入手できた者にはそれを得るだけの値打ちがあり、できなかった自分にはその値打ちが欠けていたのだと納得することはありません。そう考えるのは、能力の平等からして理不尽であり、誇りの情念からすれば我慢のならないことだからです。

幸い望みの物を得た者はそれを奪おうとする他の者からつけねらわれ、悪くするとそのために命を落とすかもしれません。

各人は、彼が自分自身に定めるのと同じ額で、彼の仲間が彼を評価することを求め（中略）、彼を軽視する人びとからは加害により、他の人びとからはその実例によって、もっと大きな評価を強奪しようと努力するのが自然である(7)。

それなら、先手を打って攻撃したらどうでしょうか。しかし、同じ程度の理性つまり推論能力を備えている相手もまたそう考えるでしょう。したがって、実際の戦闘に入らなくても、敵対する者同士は虎視眈々と相手のすきを狙う冷戦状態に陥り、働く暇もありません。労働しても収穫を奪われたら無意味です。こうして、社会が形成される以前の自然状態とは、ホッブズによれば、万人の万人にたいする戦いにほかなりません。そこでは、

継続的な恐怖と暴力による死の危険があり、それで人間の生活は、孤独で、貧しく、つらく、残忍で、短い(8)。

ホッブズの自然状態の描き方をみて、性悪説だと思うひとがいるかもしれません。でも、それはあ

たりません。自然状態には倫理はなく、したがって、善悪の区別もないからです。むしろ、各人は自分が生きのびるために戦っているにすぎません。ホッブズはそれを自然状態にある者に認められる権利、自然権と呼びます。自然権とは、誰もが自分の生命を維持するためには、思いのままに力をふるい、それが延命のための最適の手段だと考えるなら、どんなことでもしてよいということを意味します。したがって、腕力の強い者は腕力に訴え、敏捷な者は相手の裏をかき、どちらも劣る者は知恵を絞って罠をしかけるでしょう。諸能力をひっくるめれば平等な人びとのなかの誰にも勝つ機会はあるのです。これでは万人の万人にたいする戦いがつづくばかりで、社会ができそうにありません。

ところが、ホッブズは、自然状態には理性によって発見される法があると指摘します。これを自然法と呼びます。自然法とは、自分の生命を破壊することや維持する手段をとらないことはしてはならず、また、自分の生命を維持するのに最適の手段だと考えることを避けてはならない、それをすべきだということです。

万人の万人にたいする戦いでは、人びとは死への恐れを抱いています。かりに、お互いに自然権の行使に訴えるのをやめたら、どうなるでしょうか。殺される危険は消えるでしょう。だとすれば、それが自分の生命を維持する最適の手段ではありませんか。したがって、その可能性があるかぎりは――自然権の行使を控える契約を人びとのあいだで結ぶ可能性があるかぎりは、自然法はそうするように命じます。そして、実際にその契約を結んだならば、人びとは自然状態を脱して社会状態へ、つまり平和な共存へ移行することができます。反面、その可能性がないとすれば、戦いつづけなくてはなりません。いくら戦いに倦《う》み疲れても、自然法は自分の生命の維持を放棄することを禁じているのですから。

相互の平和を築く契約を交わしたとたん、その契約は人間が作り出した最初の法ないし倫理になります（自然法は人間が発見するものであって、創造するものではありません）。法ないし倫理ができたので、行為を評価する規準となる規範が生まれます。すなわち、自分が交わした契約を守ることが正しく、破ることが不正です。こうして作り出された法ないし倫理は、何よりも自分の生命、それに加えて自分の身の安全、財産を守るためにあるにほかなりません。したがって、倫理を守るのは自分のためです。

でも、私が自然権の行使をやめたら、相手もやめる保証があるでしょうか。そのためには「履行を強制するのに十分な権利と強力をもった共通の権力(9)」が必要だとホッブズは考えました。したがって、社会状態を樹立するには、人びとは主権者（君主）となる者にたいして権利を譲渡する形をとります。ここには興味をそそるいくつもの論点があるのですが、それは倫理学というよりも政治哲学の分野ですからここでは深入りしません。ただ一点付け加えれば、国家権力が私の死を求めるなら、（第12章に言及するロックと違い、ホッブズでは被統治者が連帯して統治者の交替を迫る権利は認められていませんが）個人として反抗するのは（むだに終わるに決まっていても）不当とはいえません。自分の生命を守るために国家を作る契約に同意したのですし、そもそも自然法は生きのびる機会の放棄を禁じているのですから、国家を支える契約は個人が自分の身を守ってはならないとまで要求することはできないからです。

2　合理的な利己主義者なら、ひそかに契約を破らないか

みなが契約を守り、平和が確立しました。すると、他人が契約を履行するなかで私ひとりがひそかに契約破りをすれば、ちょうど大勢の乗客がきちんと運賃を払っているから運行できている電車にただ乗りするひとのように、私は社会の安定から得る利益のうえに、まじめに倫理を守り続けている他人を尻目に自分だけが得することにならないでしょうか。自己利益のために倫理を守るひとなら、そう考えるほうが理にかなうようにみえます。

とはいえ、その行動がばれてしまえば、契約破りをした者は契約を交わした人びとのなかから排除され、いわばひとりだけ自然状態に追放されることになります。それでは、彼ひとりの利益どころか、社会の安定から得られる利益も失い、元も子もなくなります。しかし、ここでふと耳打ちする声――それなら、ばれなければいいのでは。ひそかに倫理を破りつつも、他人の目からは隠し通せるほどにずる賢く、自分でもそう自負しているほどのひとならば、やはりそういう行動に出るほうが合理的ではないでしょうか。

これにたいするホッブズの答えはおよそこうです[10]。ばれないとすれば、それは他のひとたちがたまたま見落としているにすぎない。たまたま起きるかもしれないことを、自分の力で必ず起こすことができると考えるのは合理的ではない。利己主義者（ホッブズの前提では、誰もがそうです）が合理的

なら、契約を守りつづけるほうを選択する。かりに、ある利己主義者が自分の頭のよさを恃《たの》んで不正を犯すなら、その利己主義者はあてにならないことをあてにしている非合理的な利己主義者にすぎない。あけすけにいえば頭が悪い。その不正による被害者はいくらか出るだろうが、その頭の悪い行為者はいずれ摘発され、処罰されるから、やはり不正が本人にとって利益となることはない。

前章にみたように、プラトンは、透明人間になれるギュゲスの指輪があっても、それを用いて欲望のままに生きるのはかえって不幸であると説きました。これにたいしてホッブズの考えはこれと正反対です。

> われわれはこの世の幸福が満足した精神の平安にあるのではないことを考慮すべきである。（中略）ひとは、意欲が尽きれば、（中略）それ以上生きていることはできない。至福は、ある対象からある他の対象への、意欲の継続的な進行であって、前者の獲得はまだ、後者への経路にすぎない。(11)

だとすれば、他人から制御されることなくほしいままに生きていける人間はこのうえなく幸福なはずです。しかし、ホッブズはその可能性を、いわば、こう宣言することによって否定したわけです——いわく、「ギュゲスの指輪はありません」。この主張の根拠には、彼の論証の出発点である万人の平等があるでしょう。自分がひそかにやりおおせたと思っていることも、同じ程度の能力をもつ誰かほかのひとの目に必ずや見破られるのです。

3　善とはそのひとが欲求するものにほかならない

プラトンでは、人間にとってよいことは人間の本来のあり方に由来します。これにたいして、ホッブズでは、善悪はあくまで個々人に相対的な区別でしかありません。

誰かの欲求または意欲の対象は、どんなものであっても、それが彼自身としては善と呼ぶものである。そして、彼の憎悪と嫌悪の対象は、悪であ［る］。（中略）これらの善、悪（中略）という語は、つねに、それらを使用する人格との関係において使用されるのであって、単純かつ絶対的にそうであるものはなく、対象自体の本性からひきだされる、善悪についての共通の規則もない。(12)

あなたが欲求するものはあなたにとって善であり、あなたが嫌悪するものはあなたにとって悪ですが、両者は必ずしも他のひとの欲求ないし嫌悪する対象、他のひとにとっての善ないし悪とは重なり合いません。人間みなが共通して欲求するものは食物など少数にかぎられ、嫌悪についても同様です。では、なぜ個人差が生じるのでしょうか。

ホッブズによれば、感覚とは、人間が見たり聞いたりする何かが人間の身体の内部に惹き起こす運動にほかなりません。この運動が運動を惹き起こしたものに近づこうとする場合が欲求であり、それから離れようとする場合が嫌悪です。人間の身体の構造はたえず変わっているので、同じ対象がいつも欲求を惹き起こすとも、嫌悪を惹き起こすともかぎりません。ましてや、同じ対象であっても別の時点に別の身体の構造によってそれを経験した異なる人間がそれについて欲求ないし嫌悪のいずれか一方で一致するとは期待できません。ホッブズの考えは、感覚も、そこから生じて善悪の根拠となる欲求（嫌悪）も運動とその向きで説明しているわけで、きわめて唯物論的です。

このように人びとのあいだで善悪の評価が定まらないなら、それが対立の契機となるのは不可避です。ですから、見解が異なることについては、人びとが同意して契約によって作り上げた国家ないし社会を代表する人格である主権（君主）の決定や、係争問題を裁定する権限をゆだねられた裁判官による判定にしたがわなくてはなりません。逆に、人びとがあくまで各自の価値判断を押し通そうとするなら、国家ないし社会は分裂し、内戦が勃発します。だが、自分の信じる善が悪と、悪が善と裁断されても甘受するくらいならば、いっそのこと自分の価値観を貫いて戦うほうがましではないでしょうか。しかし、それはいつ命を落とすかわからない自然状態のなかにあえて身を躍らすことにほかなりません。

その危険な賭けを避けるように説くホッブズでは、他人の暴力によって殺されてしまうことこそが最大の悪なのです(13)。本章**1**の末尾に記した、国家によって強制された死への（むだに終わるのであれ）抵抗もあわせみると、ホッブズの議論から「生きよ」という強烈なメッセージを読みとることもできないわけではありません。でも、それは、神から授けられた命を捨ててはならないという理由からではなく、(14)誰しもかけがえのない存在だという理由からでもありません。むしろ彼の唯物論的思想からすれば、運動している物体は外力が妨げないかぎり永久に運動しつづけるという慣性運動と類比的に、生きている人間は生きつづけることを望むものだと考えているからのように思われます。

その自然についての見方については、章を改めてお話しすることにいたしましょう。

第４章　註

（１）ホッブズは、本章**1**に示されたように、統治者の絶対性を主張する点では王党派でした。しかしまた、その主権が統治される国民の契約に根拠をもつとする見解は王権神授説と違い、「神が上からではなく、下から民衆が、自分たちの主権者にたいして疑似的神性を付与し、主権者を「可死の神」とする」（ワトキンス、J・W・N、『ホッブズ――その思想体系』、田中浩・高野清弘訳、未來社、一九九九年［1973］、一二九頁）ものですし、かつまた、本章**3**に示したその唯物論の立場は、王党派とは相容れない発想でした。

（２）無敵艦隊と英軍との交戦のうわさに恐れた母親が早産したという逸事をさします。

（３）次註にいうように、国家間の関係や当時のアメリカ原住民を自然状態の例に挙げているものの、しかし、とくにユークリッド幾何学を論証の手本にして議論を展開したホッブズでは、自然状態の構想は思考実験という性格を強くもっています。

（４）Hobbes, Th., *Leviathan*, Tuck, R.（ed.）, Cambridge University Press, 1991［1651］, p. 89ff.（『リヴァイアサン』（一）、水田洋訳、岩波書店、一九九二年、二一二－二一三頁）。ホッブズでは、この社会かつ国家には「共同の福利」を意味するコモン・ウェルスという語があてられ、聖書に出てくる怪物になぞらえてリヴァイアサンと形容されます。

（5） Ibid., p. 86（邦訳、同上、二〇七頁）。
（6） 実際には、平等に配分されているということ（P）が全員の満足を生む（Q）としても、全員の満足が平等な配分を立証するわけではありません（命題論理学でいえば、$((P \supset Q) \wedge Q) \supset P$ は恒真式ではありません。いわゆる「逆は真ならず」です）。各人が自分の分け前に満足していても、他人の分け前と正確に比較できていないかもしれないからです。ですから、本人の満足だけで能力の平等を結論する論法は怪しいのですが、ホッブズが平等な配分を主張したのは、その根底に、人間は「同一の材料から作られ、同一の方法で活動せしめられるもの」という理解があったからです（ワトキンス、同上、八〇頁）。
（7） Hobbes, op. cit. p. 88（邦訳、前掲、二一〇－二一一頁）。
（8） Ibid., p. 89（邦訳、同上、二一一頁）。
（9） Ibid., p. 96（邦訳、同上、二二六頁）。
（10） Ibid., pp. 101–102（邦訳、同上、二四〇頁）。
（11） Ibid., p. 70（邦訳、同上、一六八頁）。
（12） Ibid., p. 39（邦訳、同上、一〇〇頁）。［ ］は品川による。
（13） シュトラウス、L、『ホッブズの政治学』、添谷育志・谷喬夫・飯島昇藏訳、みすず書房、一九九〇年［1965］、二一一頁。
（14） この理由から自殺を禁じたひとにロックがいます。Locke, J., *The Works of John Locke*, vol. V, Scientia Verlag Aalen, 1963 [1689], p. 341（『完訳統治二論』、加藤節訳、岩波書店、二〇一〇年、二九八－二九九頁）。

第5章
自然観と倫理観、ないし、形而上学と倫理学

人間には人間本来のありようがあって、それに従うことが本人にとってよいことなのか。それとも、人間に共通の性質から引き出される善などなくて、何がよいかは個々人によって違うのか。欲望のままに生きるのは不幸なことか。それとも、幸福は精神の平安にはなく、欲求が旺盛にわきたつ状態にこそあるのか。プラトンに納得するひとも、ホッブズに共感を覚えるひともいるでしょう。しかし、両者の違いは哲学者個人の違いであるだけでなく、その背景に古代・中世の自然観と近代の自然観との違いが控えています。

1　目的論的自然観

古代から中世にかけて支配的だった自然観を確立したのはアリストテレスでした。アリストテレス

は自然現象を四つの原因から説明します。その物が何であるか（形相《けいそう》因）、その物が何のためにあるか（目的因）、何がその現象を惹き起こしたのか（作用因）、その物が何からできているか（質料因）です[1]。桜の開花を例にとりましょう。（花であるゆえに）生殖がその目的因、気温の上昇は作用因のひとつ、その時期にその姿形、色合いで、その匂いを帯びて咲くのはそれが菊でも水仙でもなく桜の花だからです（形相因）。いくら実物と見まがうほどに精巧に作っても、ひとの手でこしらえられた桜のつぼみが造花にとどまるのは質料因が違うからです。右の例からも明らかなように、形相因と目的因は不可分です。つまり、それが何であるかということが、それがそうなるべきあり方を規定します。したがってこの見解では、自然現象とは目的因によって定められた目的の実現に向かう過程なのです。このような自然の捉え方を目的論的自然観と呼びます。

　生き物を例にとるとわかりやすいこの四原因による説明は、しかし、アリストテレスでは、あらゆる変化に、それゆえ人間の手による物作りや、それどころか運動にもあてはまるものでした。すると、運動はどう説明されるのか。物が運動するそのしかたは、その物が何であるかに応じて規定されます。たとえば、土や水は下向きに直線的に運動し、火は上向きに直線的に運動します。したがって、土や水にとっては下が、火にとっては上があるべき場所であり、そこをめざして運動しているということになります。これにたいして、天体は円を描いて回転しています。したがって、円運動している天体は、いずれ終点に行きつく直線運動をしている地上の物質とは別の物質でできていなくてはなりません。それゆえ、宇宙は月下界とその外側に恒星が位置している恒星天にいたるまで広がっている天上界とに分かれます。天体の運動は当時の人間の知るかぎり不変でしたから、天上界は永久不変の世界、生成消滅や変化のあるのは月下界だけだと考えられました[2]。

こうした自然観は古代から中世にうけつがれます。もっとも、抵抗なく受容されたというわけではありません。アリストテレスは、物がそれからできているもの（質料）の存在を無始無終と考えました。これはキリスト教の神による無からの創造と相容れません。ですから、彼の自然学は禁書に指定されます。両者を融合させたのはトマス・アクィナスでした。トマスは神の存在を証明する道筋を五つ提示しました[3]。その第二の道はこうです。この世界に存在しているもの（存在者）には必ずそれを生じさせた作用因があり、その作用因となったものにも作用因がある。この作用因の系列を無限にさかのぼることはできないから、第一の作用因が存在しなくてはならない。それは神である、と。つまり、世界は世界を存在せしめた神なしには存在しなかったという主張です。ただし、神は子から親へ、そのまた親へというふうにさかのぼっていって行き着くこの世界に内在する存在者ではありません。その違いをみるために、第三の道をあわせみましょう。地上にある存在者は生成消滅しますから、存在することも存在しないこともありうる可能的な存在者です。可能的な存在者一般を現実に存在するようにしたものそれ自体は、可能的な存在者であってはならず、現実に存在していることが必然的なもの、すなわち存在することをその本質（形相）に含んでいるものでなくてはなりません。それは神をおいてほかにありません[4]。存在することにおけるこの決定的な隔たりにおいて、創造する神は被造物を超越しています。

なぜ、この考えがアリストテレスの自然学とキリスト教の無からの創造の考えとを融和させることになるのでしょうか。トマスの考えでは、なるほどアリストテレスの四原因は個々の自然現象がどのようにして（how）生起するかをみごとに説明できるものの、しかし、なぜ（why）、自然全体が存在しているのか、なぜ、無ではなくて存在しているものがあるのかという問いには答えられません。世界を創造する神というユダヤ－キリスト教の概念を導入することでその問いに答えられるとトマスは考えたからです。

さて、この神はキリスト教に即して善なる神ですから、その神によって創造されたもの、被造物は必ずすべてよいものであらざるをえません。どの存在者も、それが何であれ、その何であることを実現し、完成して存在しています。完成とは善の性質を帯びています。(5) けれども、人間は意志をもって行為しますから、人間の本来のあり方（自然本性）から外れる場合もありえます。それでは、人間のあるべきあり方、自然本性から定められた当為、つまり自然法とはどういうものなのか。トマスの見解を瞥見《べっけん》しましょう。

2　人間の本性に応じたひとつの自然法が存在するか――トマス

存在者（実体）は生命の有無によって生物と無生物に分かれます。生物は運動・感覚の能力の有無によって動物と植物に分かれます。動物は理性の有無によって人間と人間以外に分かれます。ここから人間は理性的動物と定義されます。(6) このように、人間は理性的であると同時に動物でもあり、生物でもあり、実体でもあります。すると、人間の本性が複数の部分から成るから、人間のあるべきあり方を定める自然法も複数になるのでしょうか。ひょっとして、理性的な部分と動物的な部分とが人間のなかで対立するのでしょうか。それとも、人間はやはり人間だからひとつの自然法におさまるのでしょうか。

さて、行為は何かの目的を達成するために行なわれます。目的はそれが行為者にとってよいことだからこそ目的たりえます。ここからトマスは自然法の第一の規定、すなわちどの存在者にも妥当する普遍的な規定を導き出します。「善は為すべく、追求すべきであり、悪は避けるべきである」[7]。そのうえで、それぞれの種類の存在者にとっての善がその自然本性に応じて規定されます。人間はまず実体であるゆえに、すべての実体にとって自己の保持が善であるのと同様に、生命の維持が善です。さらに、人間は動物であるゆえに、他の動物と同様、生殖や子育てが自然法によって指示されます。最後に、人間は理性的であるゆえに、無知の克服や社会の一員として他人と親しく交わることなどが自然法によって命じられます。食欲や性欲はそれ自体では悪ではありません。しかし、人間がたんに動物的な欲求に身を任せ、人間が人間たるゆえんの理性から背く場合には罪となります。動物としての自然本性に反する行為は——たとえば、生殖器を生殖の目的に背いて用いるゆえに男性同士の性行為は——悪徳と断じられます[8]。こうして人間の本性に応じた自然法は、人間の複数の性質に応じて分裂することなく、ひとつの調和した法となるわけです。

とはいえ、同性愛者の性行為でも、本人同士が合意しているならかまわないではないかと思うひとも多いでしょう。一般に人間の本性をこうだと規定して、それに反する行為を、その行為が誰をも害していなくても、罪悪と裁断するのは、そもそも人間の自由にたいする抑圧ではないか――。けれども、こういう発想が生まれるには、まず人間本性についての考え方が変容しなくてはなりません。そこで話を自然観に戻しましょう。

3 機械論的自然観

アリストテレスの運動の説明に難点がないわけではないことは知られていました。加速度はそのひとつです。物体が自然に落下するあいだ、その物体の形相は変わらないのに、なぜ加速度がつくのかは説明できないからです。落下する物体が押しのけた空気が物体の上に回り込んで押すのだという説明が考案されました。でも、それなら加速度は落下した距離に比例するはずですし、また、槍のような形態よりも杯のような形態のほうが多くの空気が上から押すはずで加速度がつきそうなものです。ところが実際にはそうではありません。

地球を中心とする宇宙観にたいしては、周知のように、一五世紀にコペルニクスが地動説を提示します。もっとも、コペルニクスは新プラトン主義の太陽信仰（善のイデアが太陽にたとえられたことを思い出してください）を信奉していたのであって、力学的な代案を出したわけではありません(9)。けれども、一七世紀には、ガリレイが太陽の黒点の運動を発見します。それは、天上界が永久不変の世界であることを疑うに足る証拠でした。

そしてついにガリレイとデカルトが目的論的自然観にたいする決定的な反駁《はんばく》を提出します。近代的な意味での慣性運動――外力が働かないかぎり、物体は運動していれば等速で運動しつづけ、静止していれば静止しつづける――の発見です。ガリレイは斜面につながる平面を転がる物体を例にして摩擦と空気の抵抗を無とする思考実験によって、デカルトは投げられた石を例にして空気の抵抗と落下方向に働く力とを無とする思考実験によって、そこに想到しました。運動を規定しているのは力のみ。したがって、その物の形相ないし自然本性に応じたあるべき場所や運動がめざしている目的といったもの、一般化すれば、当為や価値は自然のなかに存在しません。これを機械論的自然観と呼びます。

しかも、平面が地表に平行な面を意味する以上、ガリレイの慣性運動が円運動になるのにたいして、デカルトでは、回転する投石器から放たれた石が投石器の描く円周の接線方向に永久に直線的に飛びつづけると考えましたから、当然、ここには無限に等質に広がる宇宙が前提されています。無限の宇宙という発想はすでにありましたが、そこに力学が結びついて、天上界と月下界からなる有限な宇宙という考えを完全に打破したわけです[10]。

4　自然観と人間観

こうした自然観の変遷が人間観にも深く影響していることは明らかです。

アリストテレスは富を獲得する術を家政術と取財術とに分けました。前者の目的は生活に必要で国や家といった共同体に有用な財を用意しておくことです。後者は殖財それ自体を目的としています。けれども、そもそも品物は何かの目的のために役立つゆえに、つまりその使用価値ゆえに価値があるはずです。ですから、お金そのものを、つまり他の品物と替えられる交換価値それ自体を尊ぶ取財術は、アリストテレスからすれば、本末転倒した、自然に反する態度でした。彼は取財術をこう批判しています。

> 貨幣から成り立つ財産を失わぬようにしなければならぬ、あるいは無限に殖やさなければならぬと絶えず思う(11)（中略）この気持ちの原因は善く生きることではなくて、ただ生きることに熱中するところにある。

この批評に、しかし、ホッブズなら納得しないでしょう。彼によれば、前章**2**に示したように、つぎからつぎへとわきたつ意欲こそが至福であり、前章**3**に示したように、本人がそれを欲求しているなら、それが本人にとっての善に違いないからです。

トマスの第一の自然法もまた、ホッブズには無意味に思われるかもしれません。「善は追求すべきであり、悪は避けるべきである」。この善悪をホッブズの定義で読み替えたなら、「当人が欲求するものは追求すべきであり、本人が嫌悪するものは避けるべきである」。本人がすでに欲求しているのに「求めるべきだ」といったり、本人がすでに嫌悪しているのに「避けるべきだ」といったりするのは、余計な忠告といわざるをえません。

さらに、意欲の喪失を死と同視するホッブズは、必要を感じないことが幸福なら石や屍こそ幸福だと喝破したカリクレスと見解を共有できるでしょう。その見解は、目的論的自然観を基調とした時代には受容されがたかったのにたいして、力だけが支配している自然のなかで人間は自己を保存するために自然に対抗し、さらには自己を拡充するために自然を支配する力を獲得すべく努力しつづけなくてはならないと考える時代には、むしろ人間の実相を表現しているように受け取られるかもしれません。

他面、機械論的自然観では、自然のなかにあるべき場所やめざすべき目的を見出す可能性は失われました。パスカルはその疎外感についてこう記しています。

誰が私をこの点に置いたのだろう。誰の命令と誰の処置とによって、この所とこの時とが私にあてがわれたのだろう。(中略)この無限の空間の永遠の沈黙は私を恐怖させる。[12]

どの人間にも妥当する人間本性という考えが力を失っていったその先、二〇世紀には、サルトルが、人工物はその物の本質によって規定されている(何かのためにこそ、その物は存在する)のにたいして、人間では「実存は本質に先立つ[13]」と語りました。ここには、本人が選んだ目的を正当化するために援用できるような自然本性といった客観的な規準はもはやありません。したがって、自分は自己欺《ぎ》瞞《まん》に陥っておらず、真にみずから主体的にそれを選択したのだということによって自己を肯定するほかないのです。

5　時代は積み重なる

機械論的自然観のもとで育った私たちには、たしかに、目的論的自然観はわかりにくいところがあります。たとえば、宇宙の生成や生物の発生を物語るプラトンの『ティマイオス』によれば、神々は後方よりも前方のほうがいっそう尊いと考えたために、人間の顔を体の前につけました(14)。たまたま顔ができたほうが前になったのではないかとまぜ返したくなるかもしれません。とはいえ、目的を先行させる発想ならまじめにプラトンのように考えなくてはならないでしょう。むしろ、人間は後口動物である――つまり、胚に最初にできたくぼみが管となって伸びて体内を貫いて、その末端に後からできた開口部が口となり、最初のくぼみは肛門になった――という説明で納得している現代人は、古代人からすると、秩序なき偶然の進展をやすやすと信じ込んでしまう劣った知性の持ち主にみえるかもしれません(15)。

近代以降に機械論的自然観が支配しているからといって、古代・中世の人間観や倫理理論をすべて否定しなくてはいけないわけではありません。目的論的自然観が人間の行為に含まれている意図や目的を自然のなかに素朴に投影したために誤ったのだとすれば、逆に、機械論的自然観を人間の行為に素朴にあてはめても誤るはずです。人間にとっての善、人間のあるべきあり方については、近代の自然科学が発見した自然法則のような精確な法則はないでしょうし、古代・中世の哲学者が考えた自然本性ほどにも確固たるものはないかもしれません。とはいえ、それほど確定できるほどではなくても、やはりそういうものはあるのかもしれません。たとえその答えがわかっていないとしても、私たちは人生の意味や人間関係について考えるさいに、なにがしか人間一般にとっての善や人間のあるべきあり方といった想念を思い浮かべているのではありませんか。おそらく家族、友人、社会生活、人生観などのなかには、歴史を通してかなり変容していてもなおあまり変わらぬ部分があり、そこに近代以前の考え方が蓄積されて残っているのでしょう。昔からの考え方を青インク、後から生まれた考え方を赤インクだとすれば、ちょうど濡れたティッシュの一方に青インクを他方の赤インクを滴らせ、両者が出会って滲《にじ》んでできた紫色の範囲に私たちは立っているようなものです。だとすれば、私たち自身と私たちの生活は、それに気づいていなくても、過去の時代を含んで成り立っているのです。そういうわけで、第3章の終わりに、プラトンの見解に反対するひとが多くても、賛成するひとも稀ではあるまいと申し上げました。

本章では、倫理理論の背景にある形而上学についてお話ししました。形而上学とは、簡潔にいえば、存在しているものをどのようなものとしてみるかという見解です。それは経験によっては証明されることができず、むしろ経験的説明を成り立たせる前提です(16)。

善や目的や規範が自然のなかに内在しているという形而上学には、それに対応する倫理理論がありえます。プラトンはその善を知性的思考によって把握できると考えました。あるいはまた、道徳感覚という特殊な感覚によって把握できるとする立場もあります。

他方、善や目的や規範は自然のなかに内在していないとする形而上学もあります[17]。すると、価値や目的や規範は何に由来するのか。人間が賦与し、設定すると考えるほかありません。物事や行為の価値はまったく個々人の受けとめ方に由来すると考える倫理理論には、第2章に紹介した情動説があります。しかしまた、価値や規範は個人のばらばらな主観的な印象にとどまらず、人間の合意にもとづいて構成されると考える立場もあります（第13章、第18章参照）。

本章でこのような話題に言及しましたのは、第2章**4**に申したように、倫理学は自分自身の深みをのぞきこみ、自分を自分にたいして明らかにしていく営みだということをわかっていただきたいからです。プラトンであれ、ホッブズであれ、その他の哲学者であれ、ある哲学者の倫理理論に惹かれたり、反発したり、はじめて聞く話だと感じたり、奇異な印象すら受けたりするとすれば、そのそれぞれの反応を生み出すような経緯が積み重なってできてきた歴史の土壌のなかから養分を吸収して今のあなたが作られているからにほかなりません。したがって、さまざまな倫理理論を学ぶということは、一面では、自分自身の成り立ちを照らし出して自分自身を理解する作業につうじているわけです。

第5章　註

（1）　アリストテレス、『形而上学』1013a（アリストテレスからの引用の慣例に従い、ベッカー版全集の頁と段落を示します。邦訳は、『アリストテレス全集12』、出隆訳、岩波書店、一九六八年、一三三―一三七頁）。なお、作用因は始動因、作動因、作出因、動力因などとも訳されます。
（2）もっとも、惑星は単純な円運動をしていません。アリストテレスはその動きを説明するために、惑星がそこに付着している運動方向の違う複数の天球から宇宙は成り立っていると考えました。さらにその光度の変化や複雑な運動を説明するために、プトレマイオスは、惑星の軌道を、地球を中心とする円周上の点を中心とする円の円周（周転円）や中心を地球からずらした円の円周（離心円）を用いて説明しました。くわしくは、クーン、Th、『コペルニクス革命――科学思想史序説』、常石敬一訳、講談社、一九八九年［1957］を参照。
（3）アクィナスは姓ではなく、中世の人物の名前によくあるように出身地（南イタリアのアクィノ）を表わしているので、以下、トマスと略記します。神の存在証明の五つの道が記されている箇所は、『神学大全』、第一部第二問第三項です（邦訳は、『神學大全』1、高田三郎訳、創文社、一九六〇年［第一部の完成は1268］、四二－四八頁）。
（4）神がモーセに「私は在らんとして在る者である」と語る箇所（『出エジプト記』第三章一四節）が、神の本質に存在が含まれているとされる規定の典拠です。
（5）同上、第一部第五問第三項（邦訳、同上、九九－一〇二頁）。
（6）「理性的動物」という概念は、小さな集団（種と呼びます。この場合は「人間」）が含まれているより大きな集団（類と呼びます。この場合は「動物」）と、人間と異なるものから人間を分ける違い（種差。この場合は「理性的」）とからできています。このように、アリストテレスでは、定義は最も近い種差と類とを組み合わせて作られます。
（7）『神学大全』、第二部第九四問第二項（『神學大全』13、稲垣良典訳、創文社、一九七七年、七二頁）。
（8）同上（邦訳、七七頁）。
（9）宇宙の「真ん中に太陽が静止している。この美しい殿堂のなかでこの光り輝くものを四方が照らせる場所以外のどこに置くことができようか」（コペルニクス、『天体の回転について』、矢島祐利訳、岩波書店、一九五三年［1543］、四八頁）。

（10）一六世紀後半にブルーノが無限の宇宙を唱えましたが、その根拠は、無限な神が創造した宇宙が有限なのは不合理であるという神学的形而上学的なものでした。

（11）アリストテレス、『政治学』1257b–1258a（邦訳は、『アリストテレス全集15』、山本光雄訳、岩波書店、一九六九年、二六頁）。なお、アリストテレスの取財術にたいする批判を、コスロフスキーは、マルクスを含めた「あらゆる資本主義批判の基本的なタイプを定式化」したものと評しています（コスロフスキー、P.、『資本主義の倫理』、鬼塚雄丞ほか訳、新世社、一九九六年［1995］、三二頁）。

（12）Pascal, B., *Oeuvres de Blaise Pascal*, t. XIII, *Pensées* II［1670］, par L. Brunschvicg, Librairie Hachette, 1904, p. 126（邦訳は、『パンセ』、前田陽一訳、中央公論社、一九七三年、四一六頁）。

（13）サルトル、J・P、『実存主義とは何か　実存主義はヒューマニズムである』、伊吹武彦訳、人文書院、一九七二年［1946］、一三頁。

（14）プラトン、『ティマイオス』45A（邦訳は、『プラトン全集12』、種山恭子訳、岩波書店、一九七五年、六五頁）。

（15）プラトンの対話篇に登場するソクラテスが甦ったら、現代人と次のような問答をかわすかもしれません。

ソクラテス　口より先にお尻の穴ができたって！　ことばを慎みたまえ！　口はいやしくもロゴス（ことば）がそこから発する場所である。君は本気でそんな教えを信じているのか。それは秩序というものを欠いたこの上なく倒錯した物の見方であるまいか。そんな教えを信奉しているとすると、たとえば、君は何かしようとするときにどうやって決めているのかね。

現代人　それは自分で考えて決めます。

ソクラテス　自分でというと、何も参照しないのかね。

現代人　それは参考にすることもあるでしょうが、結局は、自分で決めたからそれをするのです。

ソクラテス　すると、君は、かの善にして美なることども（イデア）を第一に念頭においてはいないのだろうか。

現代人　善にして美なることとやらがあったとしても、それは私がそう思うからそうみえるにすぎません。ひょっとすると、他人は私と違う意見をもつかもしれませんし。

ソクラテス　それでは、君自身の見解はずっと一定しているのかい。

現代人　いや、変わることもあります。

ソクラテス　というか、君の考えでは、君が新たに考えなおしたことが少なくともそのつど君にとって正しいことになるのではないかね。

現代人　そうなります。

ソクラテス　しかし、それでは君、君の考えはまるでチープなレストランの日替わり定食みたいに目先が変わるからよくみえるだけのことではないだろうか。犬に誓っていうが、「気まぐれシェフのごきげんサラダ」などと称して出される代物は、実のところ、えてして「能無しシェフのおざなりサラダ」にすぎないのだよ。

現代人　いや、ソクラテス、あなたが今どきの食べ物屋のメニューにそれほどくわしいとは、実際、思いもよりませんでしたよ。

ソクラテス　話をそらすのはやめたまえ。われわれは生き方について話しているのだ。少なくとも僕としては、君のいうような生き方でこの一生を終えたいとは思わないし、ましてやそういう生き方を誇りに思うことはけっしてないだろうね。

（16）　たとえば、善なる神によって創造されたこの世界は本質的に善であるという形而上学の論者に向かって、どれほど多くの犯罪や災害を羅列しても、相手はその不幸を経て実現される善を並べて反論するでしょう。形而上学は経験的データでは反駁できないのです。

(17) 機械論的自然観に立脚するこの立場は、通常、自分自身のことを形而上学の一種と称しません。しかし、ここでは、自然のなかに価値や規範は存在しないという見解も、存在するものをどのようなものとしてみるかという意味で形而上学と呼んでおきます。

第6章

倫理（道徳）を共感にもとづけるアプローチ
――ヒューム

第3章と第4章で、倫理（道徳）を守ると自分自身のためになるという議論をみました。しかしそれとは逆に、人間にはもともと利他的な感情が備わっており、倫理（道徳）はそれにもとづいて成り立っていると考えた哲学者もいます。一八世紀のスコットランドに輩出したハチスン、ヒューム、アダム・スミスなどがその代表者です。ここでは、ヒュームの考えをとりあげましょう。

1　倫理（道徳）の基礎は理性か感情か

私たちがある行為について「善い」とか「悪い」というとき、その判断は理性からくるのでしょうか、それとも感情あるいは感じからくるのでしょうか。この問いはうんと単純化すれば、善悪は理屈をこねてからわかるのか、すぐにぴんとくるのかという問いですが、これだけでは、どちらともいえそうですね。私たちはひき逃げ事件を目撃したら逃走する車の運転手にたちまち憤りを感じる一方、さまざまな観点から推論を重ねてようやくある行為の評価を下すこともあります。ですから、上の問いを考えるには、まずは、問題となっている理性や感情がどういうものかという定義から始めなくてはいけません。

ヒュームをはじめとする多くの哲学者によれば、理性とは真偽を識別する能力です。真偽には、論理的な真偽（ヒュームの用語では、観念と観念の一致不一致）と実証的な真偽（観念と事実との一致不一致）とがあります[1]。「2×2＝4」のような数学の命題や幾何学や論理学の命題は前者ですし、「由依は、昨日、ブティックで買い物をした」といった経験や観察によって確かめられる命題は後者です。ところで、あることが善いと思うとき、それがまだ現実になっていないなら、実際にそれが現実となるように行為しようと思うものですし、ある行為を悪かったと思うときには、その事実が起こらないほうがよかったと思うものです。そこには事実の確認を超える要素が含まれています。それゆえ、（倫理的な善悪だけでなく一般に）善悪の判断は、ある事実が現にあるかどうかを識別する理性の働きだけでは下せません。その事実を是認したり非難したりする感情の働きが必要です。したがって、ヒュームは、善悪の判断は究極的には感情に由来すると考えました。とはいえ、理性の役割も行為にとってやはり大切です。というのも、大地震を報じるニュースをみて被災者の何か役に立つことをしてみたいと感じても、被災地の状況がわかっていなければ、善意だけで適切な行動をとることはできないからです。すなわち、感情が目的を設定した（「何か役に立つことをしたい」）うえで、その目的を確実に、できれば効率的に実現するために、事実の構造（「何をすれば、どういうふうな結果になるのか」）を知る理性が働くことで、具体的なひとつの行為ができるようになるわけです。

2　徳とは、有用性があるか、かつ、直接に快いか、あるいはそのいずれかである

倫理的な善悪の判断は感情に由来する——そうだとして、しかし、私たちはどういうことを倫理的に善いと感じるのか、その点についてのヒュームの考えをみておきましょう。

私たちは単発の行為だけでなく、ひとの性格について善悪を判断します。是認され称讃される性格は徳と呼ばれ、否定され非難される性格は悪徳と呼ばれます。徳の例には、たとえば、他人のためになろうとする善意、根拠のない分け隔てをしない正義、節制、自分を高く保つ気概などが挙げられます。これらの性質が徳と呼ばれるのは、つまるところ、有用、有益であるか、あるいは、直接に快く思われるからだとヒュームは考えます。たとえば、善意に満ちたひとや正義漢は他人にとって有用な人物であり、節制は本人にとって有用です。適切な程度の気概は本人の人生を直接に快くするでしょうし、快活さ、機知はそれが社会に役に立つという以前にそれだけで他人からみて快いものです。快活さや機知が倫理的な意味での善だろうかという疑問がわくかもしれません。それはもっともな疑問です。しかし、あることが善か悪かはそのものにたいする是認ないし非難に応じて区別されるというヒュームの議論では、機知、明朗といった性格も徳に数え入れられるわけです。

3　共　感

　このように倫理的な判断を感情にもとづける考え方には、しかし、理性にもとづける説明にはない難点があります。というのは、理性による認識ならいつでもどこでも誰によっても同じ真理を与えるはずですが、感情については、同じ事態をあるひとは是認し、他のひとは非難することがありえますし、また、是認か非難のいずれか一方で一致した場合でもひとによって思いの強さが違うことがありうるからです。感情にもとづく判断がひとに応じて異なるのは、感情が本人の状況に左右されやすいからです。同じような不幸に見舞われた話を聞いても、その不幸なひとが自分に親しいひとか、見知らぬ他人かで思いの強さは変わりますし、自分が憎んでいるひとであれば、内心喜んだりする場合すらあるでしょう。また、自分自身が疲れていたり他の用件に気をとられていたりすれば、そうでなければ起こるはずの感情が生じないということもありえます。ひとことでいえば、感情は自己中心的、利己的な傾向が強いのです。倫理は社会を支えるものですから、ひとや時に応じて変異する不安定なものであっては困ります。したがって、倫理を感情にもとづけて説明しようとするなら、「すべてのひとが（A1）同じ対象について、かつ、（A2）（是認なり非難なりの）同じ感情を一致してもつ」ことがありうるということを証明しなくてはなりません[(2)]。そのうえに「（B）同じ強さでもつことがありうる」ことまで証明できれば、いっそう安定した倫理の基盤が手に入るはずです。しかし、その証明ができるでしょうか。

ヒュームはこう考えます。私たちは歴史を読んで、昔のひとの立派な行為を称讃し、残虐な行為を非難することがある。それはもうすんでしまった行為で、その影響が私たち自身におよぶものではない。それなら、この是認や非難の感情に私益や自愛は混じっていまい。また別の例。私たちは敵のした気高い行為を称讃することもある。第三者が敵側に好意をもつ可能性を考えれば、自分に不利益を招きかねない行為であるにもかかわらず、やはり称讃する。これらは、ヒュームによれば、誰もが同じ対象について同じ感情を一致してもつ一例です。だとすれば、前述の（A1）と（A2）を満たす感情はあるわけです。ここから、私たちは自愛や私益とは関わりなく他人の幸福をよかったと感じ、他人の不幸に心痛を覚える同類感情ないし共感の能力をもっているとヒュームは考え、こう結論します。

> 他人の幸福や不幸に全然無関心な人間はいない。前者は快楽、後者は苦痛を与える自然的傾向性を有する。これはすべてのひとがみずからのうちに見出しうることである。(3)

こう断定されると、他人の幸不幸に全然無関心な人間もいるのではないかという疑問がわくかもしれません。たしかに、現代ではサイコパスの存在が論じられています。けれども、それはここでの論点ではありません。あなた自身が共感を覚えた経験がないかどうかをヒュームは尋ねているのです。倫理学の思索は、究極には、自分自身を問いなおすよう迫ります。まったく共感能力を欠いた人間が存在したら、その対応策を講じないといけませんが、そういう人間が存在するかどうかについての詮索が自分自身への反省を後回しにするための口実に使われてはなりません(4)。（A1）と（A2）は証明されました。それでは、（B）は証明できるでしょうか。この点について、ヒュームは楽観的ではありません。共感能力がどの人間にあるとしても、

そこから他人の善を熱心に求め、彼らの繁栄にたいして真実の情熱をもつよう促されるのは、心のいっそう広いひとだけである。偏屈で狭量な心の人びとにとっては、この共感は想像力の微弱な域を出ない(5)。

したがって、倫理をもとづける基盤である感情、共感は見出されたにしても、その共感能力が賦活《ふかつ》され、私たちが実際に善をなすにはなお努力を要します。ヒュームは私たちが自己中心的な考えから脱する契機として「社交および会話における感情の交流(6)」を挙げます。他人の意見を聞くことで、同じ事態についての自分とは別の見方を知ることができるからです。そしてまた、理性を働かすことも役に立つはずです。というのも、理性によって当事者のおかれている（とりわけつらい）状況を正確に理解して、「もしも自分がその当事者の立場にあったなら」と想像することで、共感の火をかきたてることができるからです。こうして、私たちにはもともと乏しい共感能力しか備わっていないとしても、自分の用務に没頭しがちな注意を他のひとの苦境に向け、それが私たちと直接の関わりの薄い

ひとであっても、私たちが実際に援助する行為をする気になることは可能です。いいかえれば、同類感情ないし共感と呼ばれる感情は、人類一般に向けられた博愛や人類愛ではありません。人類にとっての善といったことを思い浮かべても、あまりに漠然としていて、具体的な善なる行為にとりかかる気持ちにはなれないとヒュームは考えます[7]。ここに普遍の実在を否定したイギリス経験論の信条をみることができます。

4　経験と観察にもとづく倫理学

プラトンやトマスの倫理理論の背景には、経験によっては証明できない形而上学がありました。ホッブズは、社会が存在していない状態を仮設して倫理を構築しました。これにたいして、ヒュームは社会生活を営んでいる自分自身の心理や他人の言動についての経験や観察にもとづいて、共感による倫理の基礎づけを行ないました。しかも、この感情は社交や会話をつうじて涵養できるのですから、情動説の考えたような各人のまったく主観的な受けとめ方のようなものではありません。

ヒューム自身は、過去に行なわれた立派な行為や敵の行なった気高い行為にたいして私たちが称讃することがあるという経験から、自愛や私益に囚われない共感の感情の存在を立証しました。しかし現代では、認知科学、進化論、脳神経科学などの分野で人間の利他的な行動のメカニズムが研究されています。その一例を挙げれば、認知科学者のプレマック夫妻は、生後四～八か月の赤ん坊にも互酬性という発想があることを実験的に確認したと報告しています。運動する二つの丸い物体のアニメを赤ん坊に見せる実験です。一方が他方に激しくぶつかり、ぶつけられたほうの形がひしゃげたり、仕切りの穴を通ってこちらに入りつつある軌跡を描いてきた一方の進路を他方が遮って進行が止まったりする映像には、赤ん坊は負の評価を下します。一方が他方にゆっくり近づき、なでるように動いたり、そのまま一体になって動いて仕切りの穴の向こうへ他方が入ったあとに別れたりする映像には、正の評価を下します。赤ん坊は、一方が正の評価の動きをすると、他方が正の評価の動きで応え、負の評価の動きには負の評価の動きで応えることを予想します。この発見と解釈が正しいとすれば、人間はすでに生後四〜八か月の時点で、利他的な心の動きを身につけているといえるでしょう(8)。

このように近年の科学の知見を援用すれば、ヒュームの主張した共感の存在はいっそう確実に証明できるかもしれません(9)。しかし、それだけでは、倫理の感情的な基盤が確保されただけにすぎません。実際に、私たちひとりひとりが倫理的にみて善なる行為を実際にするにいたるには、本章**3**に述べたように、倫理的な感情を賦活することが必要です。その意味で、ヒュームの立てた問題は現代でも依然として課題であるわけです。

第6章　註

(1) Hume, D., *A Treatise of Human Nature* [1738] in *Philosophical Works*, T. H. Green and T. H. Grose (eds.), vol. 2, Scientia Verlag Aalen, 1992, p. 236 (邦訳は、『人間本性論　第3巻　道徳について』、伊勢俊彦・石川徹・中釜浩一訳、法政大学出版局、二〇一二年、一〇頁)。

（2）（A 2）だけ満たすのでは足りません。たとえば、誰もが自分を大切に思うから、自愛は（A 2）を満たします。しかし、自愛の対象は各自別々ですから（A 1）を満たしません。

（3）Hume, D., "Concerning the Principles of Morals"［1751］in *Philosophical Works*,（eds.）T. H. Green and T. H. Grose, vol. 4, Scientia Verlag Aalen, 1992, p. 208（邦訳は、『道徳原理の研究』、渡部峻明訳、晢書房、一九八三年、六八頁）。

（4）人間は善悪の区別を感じないと主張する論者にたいしては、相手にしないでおけば、自分でその意見を捨てるだろうと、ヒュームは辛辣に述べています（Ibid., p. 170、邦訳、同上、二頁）。その反論が議論のための議論にすぎないと考えているからです。だが、実際に善悪の区別を感じられない人間がいたらどうするか。教育や治療が必要だと私たちは考えるでしょう。しかし、教育や治療で治せると考えているなら、私たちは誰しも共感能力をもっているというヒュームの見解に与しているのです。

（5）"Concerning the Principles of Morals", op. cit., p. 219（邦訳、同上、八七頁）。

（6）Ibid., p. 215（邦訳、同上、七九頁）。

（7）Ibid., p. 212（邦訳、同上、七四－七五頁）。

（8）プレマック、デイヴィッド／プレマック、アン『心の発生と進化――チンパンジー、赤ちゃん、ヒト』、長谷川寿一監修、鈴木光太郎訳、新曜社、二〇〇五年［2003］、三二－三四頁。

（9）ヒュームの倫理理論の説明に加えて、進化論との関わりを論じた書物には、神野慧一郎、『我々はなぜ道徳的か――ヒュームの洞察』、勁草書房、二〇〇二年があります。

第7章 倫理（道徳）を義務にもとづけるアプローチ
——カント

なぜ、道徳に従うべきか。それにたいする義務倫理学の答えをきわめて単純化すれば、それが義務だからです。しかし、これでは「すべきだからすべきだ」という同語反復《トートロジー》にしか聞こえませんね。では、この見解の意味はどこにあるのでしょうか。これまで道徳の根拠に自己利益、共感を挙げる見解をみてきました。自己利益を求める欲求や共感は人間にもともと備わっており、努力せずとも自然に発露するものです。けれども、道徳はそうした次元を超えて自己を高めることこそを要請しないでしょうか。すると、必ずしも道徳的に働くとはかぎらない性質に道徳の基礎をおくことができるのか。道徳的な行為を可能にする基盤自身が道徳的でなくてはならない。ここに、義務倫理学の主張が成り立ちます[1]。

最初に、カントの倫理理論の特徴を二点、確認しておきます。ひとつは、行為の道徳的善悪を行為者がそれをした心のありよう（心術）から判定するという点です。これにたいして、行為の道徳的善悪をその行為の結果から判定する立場を帰結主義と呼びます。義務倫理学は帰結主義と対置されます。第二は、道徳的にすべきことを理性が教えると考える点です。この点でヒュームと異なります。それは、カントとヒュームでは、理性の意味、人間の認識や行為についての説明のなかで理性が果たす働きの位置づけが異なるからです。

それでは、カントの挙げる例を糸口にして具体的な説明に入っていきましょう。

1　義務にもとづく行為と義務に合致するだけの行為

だませそうな客であっても商品を高く売りつけない小売商人がいるとしましょう(2)。その商売のやり方は正直に生きるべしという義務に合致しています。けれども、客から信頼されれば長い目でみて得だろうともくろんでそうしているなら、その商人は、カントによれば、まだ道徳的に称讃されるほどではありません。正直にすべきだという理由から正直にふるまうならはじめて称讃されるに値します。生まれつき親切な性分のひとがいるとしましょう。この博愛家が他人を助けるのが楽しくてそうするのは、ひとに親切にすべしという義務に合致しています。けれども、その行為はまだ道徳的に称讃されるほどではありません。もし、このひと自身が不幸にあって他人の身の上を配慮する気持ちになれないような場合でも、他人に親切にすべきだという理由から親切にするのなら称讃に値します(3)。

こうした区別を帰結主義なら強調しません。客がだまされずにすみ、誰かが親切にされるなら、それでもう善いと考えるからです。右の区別を読んで、小売商人は掛け値なしの値段で売るときにしか、博愛家は不幸にならないかぎり、善をなしたことにならないのか、といぶかるひともいるかもしれません(4)。しかし、それは誤解です。なぜなら、義務倫理学では行為の善悪を判定する究極的な要因を心のありように求めるのであって、いくらで売ったかとか不幸かどうかといった外から観察できる状況は善悪を判定する鍵にはならないからです。では、カントがこの区別を強調する意図は何なのか。論点を整理しましょう。

意志を風にそよぐ葦《あし》のように揺れ動きやすいものとして想像してみてください。この意志を引っ張ってなびかせようとする力が二つあります。ひとつは、人間が自然にもっている自分ひとりの幸福をめざす傾向性です。他方は、今なすべきことを教えるそのひとの理性です。傾向性と理性が逆方向に意志をなびかせようとしているとしましょう。傾向性が目の前の客から暴利をむさぼれと指示し、理性が正直にふるまえと指示する場合、あるいは、傾向性が自分の幸福だけ追求して他人のことなど見捨ててしまえと指示し、理性が親切をなせと指示する場合がそれです。このとき、意志が傾向性に従えば、その行為は明らかに義務に反する反道徳的な行為となります。しかしまた、傾向性が理性と同じ方向を指示する場合もあります。正直な商人という評判をとって長期的な利益を図れと指示する場合や、持ち前の性格から他人に親切にしたいと思う場合です。このとき、当然、意志は正直にふるまうほうを、また、親切にふるまうほうを選びます。しかし、意志は理性に従ってそうしたのか、それとも、傾向性に引きずられてそうしたのか――なかなか見分けがたいに違いありません。もし、意志が傾向性に従っているなら、本人に自然に備わっている欲求や性格からした行為ですから、その行為は義務に合致するものの、真に道徳的に称讃するまでにはいたりません。もし、意志が理性に従っているなら、すなわち、正直に（親切に）すべきだという義務にもとづいて正直に（親切に）ふるまうのなら、本人に自然に備わっている傾向性を超えて義務を果たしているというまさにそのゆえに道徳的な称讃に値します。行為がたんに義務に合致しているだけの場合は適法性、動機が義務にもとづいて行為する場合は道徳性とも呼ばれます(5)。

心の中は外からは洞察しがたいものです。究極的には、行為者本人にしか近づけないものかもしれません。したがって、私の行為の善悪を判定し、私を裁く者は誰よりもこの私自身をおいてほかにありません。ところが、人間はいともたやすく自分を善人だと思いがちであり、それどころか、たとえ自分の汚らわしさに感づいていてもそれに目をつぶりがちです。その自己欺瞞《ぎまん》を防ぐために、カントは右の区別によって注意を喚起したのです。

2　格率と普遍的道徳法則

カントが道徳的な吟味を加えたのは単一の行為の場面というよりも、私たちが自分なりに一貫した行為の方針（格率《かくりつ》と呼びます）を選ぶ場面でした。私たちひとりひとりは自分の生き方としてどんな格率を選ぶこともできます。たとえば、いつでも自分の利益の最大化を図ることを格率にすることもできますし、いつでも正直に生きることを格率にすることもできます。とはいえ、道徳からみて採択してよい格率はそのごく一部です。たとえば、「いつでも自他の幸福を促進せよ」は、一見、道徳的に正しい生き方にみえるかもしれません。しかしカントによれば、この格率は具体的に何をすべきかを教えることができないために採択できません。というのも、この世界は複雑で、何をすれば自他の一生にわたる幸福につながるかを人間の理性は見通すことができないからです。とはいえ、行為は何かしら善いことをめざして行なわれるものですし、万人の幸福はどうみても善です。こうした明快な目的を除外するとしたら、理性は、採択すべき格率としてどのような生き方をどのようにして選定するのでしょうか。カントの考えでは、理性はこう教えます。

汝《なんじ》の格率が普遍的法則となることを汝が同時にその格率によって意志しうる場合にのみ、その格率に従って行為せよ。(6)

普遍的法則になるとは、その格率をいつでも、どこでも、誰もが採用してもあてはまり、互いに矛盾が生じないということにほかなりません。ここには格率の具体的内容（どのような生き方か）は直接には示されず、ただ格率が満たすべき規準（いつでも、どこでも、誰にもあてはまるという普遍妥当性）だけが示されています。これを形式主義と呼びます。実をいえば、本章冒頭に言及した「正直に生きるべし」「他人に親切にすべし」という義務も最初から義務だと決まっているのではありません。私たちひとりひとりが「正直に生きる」「他人に親切にする」という格率を右の審査にかけ、矛盾が生じないことを確認してはじめて普遍的道徳法則たりうる義務であることがわかるのです。前節に、私を裁く者は誰よりもこの私だと申しました。私が私の道徳的善悪をそれに照らして判定する法規が普遍的道徳法則です。その法則を私は自分の理性を通してみずから知ることができるわけです。

3　自　律

自分で普遍的道徳法則を思い浮かべてそれに従って自分の生き方（格率）を定めるこのことを自律と呼びます。先の教えが「普遍的法則に合うように行為せよ」と書かれていないことにご注意ください。普遍的法則らしきものが尊敬する人物の忠告、権威者の指導、それどころか神の教えとして与えられようとも、自分で理性を働かさずにただ他に随従して生きていくのは他律でしかありません(7)。他方で、たんに自分の生き方を自分で選べば自律になるわけでもありません。というのも、私一己の幸福をめざす傾向性に従った格率は普遍妥当性を満たさないからです。したがって、自律はまた、傾向性による支配から自分の意志が解放されることを意味します。傾向性に支配されている状態は他律です。けれども、傾向性に引きずられやすい私たちはえてして、「自分にだけは（或いは今度だけは）例外を認めるという、勝手なことを考えて(8)」います。これはつまり、人間では「したいこと」と「するのが正しいこと」とが分裂しているということにほかなりません。それゆえ、後者は人間に「べし」という義務として、しかも「もし幸福になりたいなら、何々すべし」といった傾向性の満足を条件とする命令（仮言命法）ではなく、「何々すべし」という無条件に妥当する命令（定言命法）で課されます。もし、私たちが今はだめだけれども、条件が整ったら義務を果たそうと考えるなら、おそらくいつまでも義務は果たせないでしょう。人間は義務を果たせぬ要因をやすやすとみつけてしまうからです（「忙しい」「疲れている」「調子が今ひとつだ」「意志が弱い」等々）。定言命法はこうした口実や逡巡を断ち切らせ、「それをすべきだから、それはできる」という可能性を私たちの前に切り拓きます。たとえば、暴虐な君主から無実のひとを死刑にするための嘘の証言を強いられたとします。拒絶すれば殺されるかもしれません。それでも抵抗し通すことができるかどうかを断言できぬのは人間として無理からぬところですが、しかしまた同時に人間は、道徳法則を思い浮かべることで、自分は偽証をしないこともできるという――自分ひとりの幸福を願うかぎりはまったく不可能に思える――その可能性をたしかに自覚するはずです[9]。

ここで人間は明らかに二つの面をもって描かれています。人間の身体は、無生の物体や生き物と同様に自然科学によって解明される自然法則の因果性によって決定されています。そこに自由はありません。意志が傾向性によって支配されている状態も、幸福や自己保存をめざすかぎりで動物と同然で、自由ではありません[10]。人間のこのありようを現象としての人間と呼びます。他方、理性によってみずから思い描いた道徳法則にかなった格率のもとに生きるとき、傾向性による支配から意志が解放され、その意味でその行為は自由な行為です。人間のこのありようを本体としての人間と呼びます[11]。とはいえ、この二つのありようや理性と傾向性という独立の異なる要素から、人間が合成されているわけではありません。ましてや、理性が善で傾向性が悪なのでもありません。幸福をめざす傾向性は生き物として生きていくのに不可欠です。善とも悪ともなりうるのはそのひとの一部ではなくまるごとのそのひとであって、それは自分の理性の教える道徳法則の命令をみずから選んで受け入れるか、みずから背いて傾向性をとるかによって決まります。なるほど、人間は「したいこと」がつねに「するのが正しいこと」であるような神のごとき存在ではありません。しかし、自分で道徳法則を思い浮かべて自律できる存在ではあるのです。

4　形式主義だけでほんとうに義務が導出できるか

とはいえ、形式主義でほんとうに具体的な内容をもった格率が導出できるのでしょうか。カント自身はその格率が普遍的道徳法則になりうるかについて四つの状況を例に挙げています。①人生に絶望したひとが自殺してもよいだろうかと考えている。②困窮したひとが返せるあてのない借金の約束をしてもよいだろうかと考えている。③才能あるひとが自分の能力を伸ばさずに楽をしていてよいかと考えている。④満足な暮らしをしているひとが不幸なひとに援助しないでよいかと考えている。カントはまず、格率が普遍的道徳法則たりうるかを調べるには、その格率が自然法則となりうるかを調べよと指示します。そして、カントはこう推論します。①自殺は苦を避ける傾向性から促されるが、傾向性は生命を保持するものであって、そこに矛盾がある。②約束はその遵守ゆえに約束たりうる。破約が頻発すると誰も約束を信じなくなる。だから破約を前提とした約束は矛盾である。③能力はいろいろな目的に役立つ。理性的存在者ならば、能力の伸長を意志せざるをえない。④他人の不幸への無関心が一般化すれば、本人が他人の愛や同情を必要とするはめになったときに、他人からの援助を望めない。以上から、①から④のすべてが義務に反し、その逆の格率が普遍的道徳法則である、と。[12]

この説明にはいささか当惑せざるをえません。④は本人の将来の不幸を想像するように促している点で、義務倫理学らしからぬ自己利益に訴える論証のようにみえます。③は理性的存在者という語の多義性に支えられた論証かと疑われます。みながそれを格率として採択したら、③は怠惰な社会、④は冷淡な社会、②は信頼を欠く社会になりますが、人びとが互いに矛盾することなくそうなるでしょう。みなが自殺すれば人類は滅びますが、そこにすら、生きたいと願っている人びとが殺し合う戦争と違って、矛盾はありません。むろん、私たちはこれらと逆の格率が法則だという結論に賛成します。怠惰でなく冷淡でなく信頼できる社会のほうが幸福だと思うからです。しかしそれでは形式主義ではありません。「万人の幸福をめざせ」という内容が充塡されているからです。すると、形式主義は成り立たないのでしょうか。実際、ヘーゲル[13]や、あるいは、帰結主義者[14]はカントをそう批判しました。

だが、別の見方ができるかもしれません。②の例では、今、その本人は約束を口にしつつ、約束を無効にする破約を意図しています。そのひとのいうこととしていることとが矛盾しています。似たような矛盾は自殺についても見出されるように思われます。かりに自殺を是認したならば、自殺とは道徳的善悪の判定者である自己を殺すことですから、自殺の道徳的善悪を問うもともとの問いの成り立つ可能性をなし崩しにしてしまいます。その矛盾を回避するとすれば「自殺してよいか」には否と答えるほかないでしょう。カントがこの通りに考えたと主張するつもりはありません。しかし、その格率が自然法則となりうるかを通してその道徳的是非を調べるのとは別の文脈では、カントは道徳の成り立つ基盤を掘り崩すというまさにその理由から自殺を禁じています。その文脈に進みましょう。

5　人格と物件

人間のまわりにある物は（生き物を含めて）人間によって価値づけられ、人間の幸福という目的を実現するための手段として役立てられます。ある手段は何かを目的としており、その目的がまた手段となって他のことを目的としているとしても、この手段－目的の系列は最終的には目的を設定した人間に行き着きます。つまりはその系列全体が「人間のため」という最終項によって成り立ちます。だとすれば、人間それ自体は他の目的を実現するためのたんなる手段として用いられてはなりません。というのも、それをしたら、道徳的に尊重される存在がひとつもなくなり、系列全体が目的を失い、無意味になるからです。道徳そのものが無に帰します。たんなる手段という点にご注意ください。手段にすることは許されます。通りで手を挙げてタクシーを停めたなら、私はタクシーの運転手を手段にしています。けれども、たんなる手段にはしていません。そのひとがその仕事に就いたのも、車を私の前に停めたのもそのひとの自由な意志だからです。これにたいして、暴力をふるったり、脅したり、あるいは、こちらが実際にしようとしていることを相手が知ったら協力を断わるような情報を伏せてだましたりして相手を思いどおりに利用したなら、相手をたんなる手段にしたことになります。違いは、相手の意志を尊重しているかどうかにあります。たんなる手段にしてはならない存在を人格、たんなる手段にしてもよい存在を物件と呼びます[15]。この違いに即して普遍的道徳法則を定式化するとこうです。

汝の人格のなかにも他のすべての人格のなかにもある人間性を、汝がいつも同時に目的として用い、けっしてたんに手段としてのみ用いないというふうに行為せよ[16]。

この定式のもとでカントは先ほどの四つの事例を再解釈しています。①自殺は自己の人格を自分の幸福を実現するための手段としてしかみていません。②は他人をだます話ですから、明らかに他人をたんなる手段にしています。③では能力の伸長が、④では人間にとって自然な目的である幸福への援助が、ともに人間性の促進を根拠に義務として推奨されます。人格のたんなる手段化は、手段－目的の系列を無意味にし、ひいては道徳を無意味にする究極の矛盾です。したがって、矛盾の排除を直接に論拠とするこの解釈のほうが説得的です[17]。なお、人間性の促進という概念によって、幸福という内容が密輸入されているわけではありません。ここにいう人間性とは人格に共通の性質のことであり、その具体的な意味は、たんなる手段にしてはならない存在であるということです。人格が尊重されるのは、人格が自律して道徳的行為をなしうる存在だからです。したがって、人間性の促進とは、つまるところ、実際に普遍的道徳法則に即して行為せよといっているにほかなりません。ここにも、義務にもとづいて義務を基礎づける義務倫理学の論理構造が現われています。

もっとも、自殺と破約の禁止と比べて、才能の促進と他者への援助は拘束力が弱くみえるかもしれません。それは義務の種類が違うためです。自殺しないことや約束の遵守は完全に履行することが可能である（それゆえ、完全義務と呼びます）のにたいして、自分の能力を伸ばす努力や他者への援助には「これで完全になしとげた」といえる限度がありません（それゆえ、不完全義務と呼びます）。完全義務は違反すれば罪過であり、履行しても称讃されるに値しません。不完全義務は履行すれば功績であり、称讃に値します。①と③は自分にたいする、②と④は他人にたいするそれぞれ完全義務と不完全義務の例です。

6　人間の尊厳

自分自身で道徳法則を思い浮かべ、それによって自律できるところに、人間の尊厳はあります。互いをたんなる手段として利用せずに、尊厳ある者として尊重しあって結びつく人間同士の理想の状態を、カントは目的の国と呼びました。けれども、人間が互いをたんなる手段ではなく手段として利用することがあるように、人間は他人や自分を尊厳とは異なる価格という観点でみることもあります。市場価格（「役に立つ」「有能だ」等）や感情価格（「感じがいい」「付き合って楽しい」等）がそれです。価格は比較可能で、それゆえ価格の観点からは個々の人格は交換可能です（「彼より彼女のほうができるから交替させよう」等）。これにたいして尊厳は比較不能です。他にはないそのひとらしさという意味で比較不能なのではありません。個性的という形容詞にさえ比較級はあるでしょう。むしろ、万一、市場価格や感情価格の点でまったくとりえがないと評価されるひとがいたとしても、人間の尊厳はあるのであって、その人格から人間の尊厳を取り去ることはできません。

カントのいうように、自分をたんなる手段とみなすことはありうるだろうかという点は見解の分かれるところです(18)。しかし、価格と尊厳との違いを用いて考えると理解できるかもしれません。もし、自分自身を市場価格（どれだけ有能か、どれだけ他人に認められているか、等）や感情価格（どれだけ他人に気に入られているか、等）だけで自分を評価するとすれば、自分をたんなる手段としてしかみていないのにほかなりません。

前述の普遍妥当性（その格率がいつでも、どこでも、誰にでもあてはまる）に戻りましょう。この規準の意味するところは「すべてのひとがその格率を支持する」ということとは微妙に違います。現代では、カントと逆に、自殺は自分自身にたいする義務への違反ではないという見解のほうが全員の合意を得られるのかもしれません(19)。とはいえ、それでカントを論駁《ろんばく》したことにはならないでしょう。人間の尊厳という観念にもとづいて考えれば、カントの主張は、ひとりひとりの人間のなかにはその本人でも好き勝手に処理してはならないものがあるということにほかならないからです。これにたいして、その考えはカントの独断であって、誰もが守るべき義務の内容は人びとの合意によってこそ決定されるべきだし、それによってしか決定されえないと主張するひとがいるかもしれません。しかし、この主張の根底にある「各人の見解を尊重せよ」というその姿勢こそ、カントのいう人間の尊厳を基盤にしています。なぜなら、個々人にたいする尊重はそれが誰それさんだという理由で直接無媒介に与えられるわけではなく、個々人が帯びているどのひとりひとりにも共有されている性質、人間性を介してはじめて根拠づけられるものだからです[20]。

人間はなるほどいささかも神聖ではないが、しかしかれの人格における人間性は、かれにとって神聖でなければならない[21]。

ひとりひとりの人間のなかにひとりひとりの人間を超越した高いものがあるというこの考え方について、章を変えて、少しばかり補足いたしましょう。

第7章　註

（1）「誰もがもともとみずから必ず欲するようなものは、義務の概念には属さない」（Kant, I., *Die Metaphysik der Sitten* [1797], V, 386. 邦訳は『カント全集11　人倫の形而上学』、樽井正義・池尾恭一訳、岩波書店、二〇〇二年、二五〇頁。カントからの引用については、第1章註（2）を参照）。

（2）どの商品にも値札がついていてどの客にも値段がわかるのが通例の現代と違い、商人が客に値を告げ、売り手と買い手の交渉で値段を決めた商習慣の時代の話です。

（3）*Grudlegung der Metaphysik der Sitten* [1785], IV, 397–398（邦訳、「人倫の形而上学の基礎づけ」、『プロレゴーメナ　人倫の形而上学の基礎づけ』、野田又夫訳、中央公論社、一九七九年、二四七－二五〇頁（以下、『人倫の形而上学の基礎づけ』と略記）。

（4）カントの主張がそういうふうに誤解されやすいことは、シラーの一連の詩篇「哲学者たち」に収められた次の二編の風刺詩にもうかがえます。「進んで私は友に尽くす。とはいうものの遺憾にも、傾向性からそれをする。それで私はよく悩む。私は徳に欠けている、と」（「良心の呵責」）、「他に手立てがあるものか。君がすべきはただこうだ。まずは彼らを軽蔑し、その後いやいやしぶしぶと、義務の命ずることを為せ」（「決断」）（Schiller, Friedrich, *Schillers Werke*, Bd.1, Philipp Reclam, 1911, S. 223）。

（5）*Kritik der praktischen Vernunft* [1788], V, 71（邦訳は、『実践理性批判』、波多野精一・宮本和吉訳、岩波書店、一九五九年、一〇七頁）。

（6）IV, 421（邦訳、『人倫の形而上学の基礎づけ』、前掲、二八六頁）。

（7）ナチス・ドイツの時代にユダヤ人を強制収容所に移送する任務を遂行していたアイヒマンは彼を裁く法廷で、自分はカントの義務の概念に従って生きてきたと述べました。もちろん、アイヒマンはカントの教えとまったく逆に、普遍的道徳法則ではなくて、国家の指導者ヒトラーの命令を遵守していたにすぎません（アーレント、H、『イェルサレムのアイヒマン――悪の陳腐さについての報告』、大久保和郎訳、みすず書房、一九六九年 [1965]、一〇七－一〇八頁）。人間が自分で格率を立て、自分で普遍的道徳法則を思い浮かべて格率を吟味するのではなく、たんに他律によって（この場合には国法の遵守によって）生きているとどれほどの悪に染まることがありうるかということをこれほど如実に示す例はないでしょう。アーレントは、みずから考える能力を放棄してしまった人間が手を染めうるそのような悪を「悪の陳腐さ」と表現しました。

（8）IV, 424（邦訳、『人倫の形而上学の基礎づけ』、前掲、二九一頁）。

（9）V, 30（邦訳、『実践理性批判』、前掲、五〇頁）。

（10）カントは自己愛を人間における動物性の性質と呼んでいます（VI, 26. 邦訳は、『カント全集10　たんなる理性の限界内の宗教』（以下、『たんなる理性の限界内の宗教』）、北岡武司訳、岩波書店、二〇〇〇年 [1793]、三五頁)。

(11) 理論理性によって思索を進める『純粋理性批判』で描かれる人間は主として現象としての人間であり、自由な存在としての本体としての人間は『人倫の形而上学の基礎づけ』や『実践理性批判』等の倫理学的著作のなかで描き出されます。

(12) IV, 421-423(邦訳、『人倫の形而上学の基礎づけ』、前掲、二八六 - 二九〇頁)。

(13) 「義務を、あの(カントのように)矛盾の欠如、[あるいは]おのれ自身との形式的な一致として規定」しても「そこからは、もろもろの特殊的な義務の規定への移行は行なわれえない」(Hegel, G. W. F., *Grundlinien der Philosophie des Rechts* [1821], *Sämtliche Werke*, Bd. VI, Georg Lasson (Hrsg.), Verlag von Felix Meiner, 1911, S. 113. 邦訳は、『法の哲学』I、藤野渉・赤沢正敏訳、中央公論社、二〇〇一年、三四九頁。

( )は訳者による補足、[ ]は編者ラッソンによる補足)。

(14) 帰結主義の例としては、第9 - 11章で扱う功利主義が挙げられます。

(15) 厳密にいえば、人格は人間だけではなく、すべての理性的存在者を含みます(IV, 428. 邦訳、『人倫の形而上学の基礎づけ』、前掲、二九七頁)。

(16) IV, 429(邦訳、同上、二九八頁)。

(17) すると、格率が自然法則たりうるか否かの審査は機能していないようにみえるかもしれません。しかし、カントのこの審査の発想にはいくつかの要因があると思われます。第一に、道徳法則を考えるにあたって、それ以外の法則は自然法則しかありませんから、普遍妥当性の範型はそこにしか求められません。第二に、行為とはまだ現実ではないことを生み出すことです。したがって、ある格率が自然法則となりうるか否かを審査するとは、まずは、理論理性によって(今でいえば科学的に)発見されうる自然法則と矛盾するような実行不可能な格率ではないこと(その格率に即した行為によって実現される事態が現実に可能なこと)を確認する作業です。しかし同時に、この審査には道徳の観点からみてその事態が望ましいか否かの吟味がすでに含まれています。そこを突きつめていくと、第三にこの審査は、「したいこと」がすなわち「するのが正しいこと」であるような理性的存在者（神）ならば自然をどんなふうに創造するだろうと考える思考実験でもあるのです。

(18) 自分で意図するように自分を処遇する以上、「カントには失礼だが、自分自身をたんに手段として利用することなどは不可能である」（エンゲルハート、H・T、『バイオエシックスの基礎づけ』、加藤尚武・飯田亘之監訳、朝日出版社、一九八九年［1986］、三九六頁）。

(19) 自殺は自分のそれ以上の不幸を防ぐことだから自分自身にたいする義務への違反ではないとする論者にはヒュームがいます（Hume, D., "Of suicide" [1777], in *Philosophical Works*, vol. 4, 1992, p. 414. 邦訳は、「自殺について」、『奇蹟論・迷信論・自殺論』、福鎌忠恕・斎藤繁雄訳、法政大学出版局、一九八五年、八〇－八一頁）。

(20) 日本国憲法では、婚姻について定めた第二四条に「個人の尊厳」という表現があります。戦前の家制度への反省という経緯からできた概念でしょう。しかし、人間の尊厳という表現は日本国憲法のなかに見出されません。これにたいして、まさに人間をたんなる手段と化したナチスの体験を経てできたドイツ基本法の第一条には「人間の尊厳は不可侵である。これを尊重し、かつ、保護することは、すべての国家権力の義務である」とあります。尊厳という概念は日本ではまだ十分に浸透せず、せいぜい尊重をやや重々しくした、かしこまった程度の意味で流通しているようです。しばしば語られる「生命の尊厳」という表現はカント倫理学の概念からすると理解できません。人間は他の生命をたんなる手段にせずには生きていけないからです。生命をほしいままにあつかってはならないという倫理規範は、欧米では「生命への畏敬」と表現するのが通例です。

(21) V, 87（邦訳、『実践理性批判』、前掲、一二八頁）。

第8章 ひとりひとりの人間のなかにあって、ひとりひとりの人間を超越するもの

ひとりひとりの人間のなかにはその人間を超越するようなものがある——前章に言及したこの発想のひとつの源としてパウロの『ローマ人への手紙』を参照しましょう。著者や書名からおわかりのように、人間同士の倫理的な関係ではなく、信仰について論じた神学的なテクストです。[1] ここでこのテクストをとりあげるのは、超越という概念を西洋の伝統にさかのぼれば、つまるところキリスト教に行き着くからです。キリスト教と聞いて自分とは無縁のように思うひともいるでしょう。私もキリスト教徒ではありません。しかし、この話がキリスト教の伝統のなかに生きていない者にも関係があるのは、近代社会の人間の平等な尊重という観念がこの伝統のなかから、しかも宗教的背景への依拠から脱け出して（これを世俗化といいます）、日本を含む西洋以外の地域にも広まってきたからです。

1　神の律法とそのもとでの人間——『ローマ人への手紙』

『ローマ人への手紙』には、人間が神の与えた法（律法）を知り、みずから律法に従おうとしながら、なおかつ律法に背いてしまうようすが次のように語られています。

私は、律法をとおしてでなければ、罪を知ることはなかったであろう。（中略）私は、かつては律法によらずに生きていた。しかし、誡《いまし》めがやってきた時、罪は生き返り、私は逆に死んだ。（中略）律法は（中略）善いものである。それでは善いものが、私にとって死となったのだろうか。断じてそんなことはあってはならない。（中略）そもそも私たちは、律法は霊的なものであることを知っている。しかし、私は肉的な者であ［る］。（中略）私は自分が欲する善いことは行なわず、自分が欲しない悪いことをこそ為している。（中略）それゆえに、良いことを行なうことを欲している自分に、〔まさに〕その自分に、悪しきことが存するという法則《ノモス》を私は見いだす。つまり私は、内なるひとに従えば、神の律法を〔心のうちで〕喜んでいるが、しかし私は、自分の肢体のうちに他の法則を見る。（中略）かくして私自身は、理性においては神の律法に隷属しているのだが、しかし肉においては罪の法則に隷属しているのである。(2)

一見したところ、人間は、律法に背き、罪の法則に随従する肉と、律法を尊奉する理性、いいかえれば「内なるひと」とからできていると読んでしまいそうです。けれども、それでは人間がどこにもいなくなってしまいます。それゆえ、肉に理性を接ぎ合わせれば人間になるのではなくて、肉も理性も人間であり、神学者ブルトマンのいうように、両者に引き裂かれつつあるのが人間なのです[3]。もちろん、分裂したままでいいわけではありません。パウロからの引用が示すように、罪は律法によってはじめて知られます。と同時に、罪を犯さない可能性もはじめて意識されます。人間のあるべきありよう、すなわち「内なるひと」が律法によってはじめて知られます。したがって、分裂は明らかに理性の側へと向けて克服されるべきものです。ということは、人間はまだ完全には実現されていない人間のあるべきあり方をめざすことによってのみ人間であるということにほかなりません。現にそうで「ある」（存在）ということが「べし」（当為）を含んでいる——ここに超越があります。人間は、あるべきあり方と無関係なままなら、尊重されるべきいわれはなく、あるべきあり方をめざすことにおいてのみ尊重されうる存在となりうるのです[4]。

2　カントの自律概念——道徳の宗教からの独立

以上の人間像とカントの道徳法則のもとでの人間像とのあいだには構造上の類似性があります。カントでも、理性は道徳法則に従おうとしますが、意志は自分ひとりの幸福をめざす傾向性に、それゆえ自然界を支配する法則に服従しようとします。パウロが律法を是としつつも罪を犯してしまう人間を描き出すのに対応して、カントもまた、私たちが「自分だけは」あるいは「今度だけは」というふうに自分の傾向性に都合のよいように法則からの例外を勝手に設けようとすると描き出します[5]。律法によってはじめて罪を犯さない可能性が知られるように、道徳法則は自由の認識根拠です。律法のもとで「内なるひと」が認識されるように、人格のなかにある人間性もまた、道徳法則を知らないかぎりはけっして知られることもなく、道徳法則のもとではじめて見出されるものです。

とはいえ、いうまでもなく、二つのテクストには決定的な違いがあります。律法は神が授けた法です。これにたいして、道徳法則は人間が自分の採用する格率をすべての人間が採用しても互いに矛盾しないかどうかという規準を通してみずから思い浮かべて把握することができるものです。みずから立てた道徳法則にみずから従うことが自律にほかなりません。カントの議論では、ここに神は介在しません。

パウロでも、人間は選択意志をもつという意味で自由です。そうでなければ、人間は罪を犯すこともできません。しかし、パウロは、人間はつねに律法から背くものとして描きました。それゆえ、みずから道徳法則を思い浮かべてそれにもとづいて自律するという（カントの意味での）自由には達することはできません。したがって、のちにアウグスティヌスが明確にとりだすように、人間が律法に従い、善をなすには、神の恩寵による助力が必要になるわけです[6]。その行為（業）によっては正しい（義である）とはいえない人間が救われるのは、神の恩寵によるほかありえません。

これにたいして、カントでは、道徳法則の完全な遵守（カントはこれを最上善と呼びます）への到達は人間の意志だけで原理的には可能です。だからこそ、カントは、「道徳は道徳自身のためには

（中略）宗教などまったく必要とはせず、むしろ純粋実践理性により、道徳だけでやっていける」[7]と主張できたわけです。

ここに道徳（倫理）は信仰から独立に確立されます。近代化とは特定の宗教に依拠しない世俗化と重なり合います。ですから、カント的な意味での人間の尊厳の概念は（したがってまた、それにもとづいて認められる基本的人権もまた）、近代化が進んでいるならキリスト教の伝統をもたない社会にも妥当しえます。こうして人間の尊厳という観念は、人間を超越した神の権威から独立します。しかしながら、人間のなかの超越——人間として存在しているとは人間のあるべきありようをつねに求められていることである——というその核心は残ります。その思想は、もはや神の存在には依拠しないがゆえに、人間自身による法則の表象と自律という形に変容します。それゆえ、人間を尊重するということは、自分や他人の欲望をたんに人間だからという理由で肯定することではありません。人間の尊厳とは、人間以外の存在者を人類の欲望のままに支配する資格が人間にあるという意味ではありません。自分一己を超越したあるべき人間のありようをみずから思い描き、それをめざし、それに従いうる存在としてのみ人間は尊重されるということにほかなりません。そのことはまた、ちょうどパウロにおいて律法によって「内なるひと」がはじめて発見されるのと同様に、人間の尊厳という観念がなければけっして気づかれることのないような、たんに能力や人柄で値踏みするのではない新たな見方で自分自身とそしてまた他のひとたちをみることなのです[8]。

3　カントの魂の不死の要請と神の現存の要請

すると、カントでは、神はもはや思考の圏外にあるのか。そうではありません。道徳法則を遵守するとは正しく行為することです。さて、正しい人間が不幸になり、不正な人間が幸福になることは正しいことでしょうか。明らかにその逆で、正しいひとがその正しさに応じてそれに値する幸福を獲得することこそが正義にかなっているでしょう。カントはその状態を最高善と呼びます。それでは、この世の中に最高善は実現しているでしょうか。残念ながら、とてもそうはいえません。それどころか、誰もが幸福に値する生き方をしているでしょうか。これも否《いな》でしょう。したがって、まずは、人間が道徳法則の十全な遵守をめざす可能性がなくてはなりません。それゆえ、カントは人間の魂の不死を要請しました。ついで、カントは最高善が実現するために神の現存を要請します(9)。

早とちりを避けるために注意しなくてはなりませんが、要請したからといってそれが実現されるわけではありません。不死の魂も神も現実に存在することが証明できないからこそ、カントは要請というにとどめたのです。ここで、第5章に記したトマスの神の存在証明をふりかえりましょう。世界のなかに起こるできごとは何らかの原因によって惹き起こされた結果です。その原因もまた先行する原因に起因します。それをさかのぼっていくと、最初の原因がなければ因果系列全体が意味をなさなくなるので、第一原因として神が存在するという証明でした。このような推論で証明できたのだろうかと疑うひともいるでしょう。もっともです。まさにそれでは証明にはならないと断じたのがカントでした[10]。

カントによれば、人間が認識するには、時間と空間という形式において直観する能力である感性と思考し判断する能力である悟性との協働が必要です。諸判断を結びつけて推論する能力は理性と呼びます。さて、因果性（原因性）とは悟性の概念のひとつです。ひとつの事象には必ずその原因があるという判断から、その原因にもそれを結果として生み出した原因があるという別の判断に遡上し、ついには第一原因まで想到するのは理性の働きです。しかし、この推論には感性的な直観による裏づけがありません。したがって、その推論は真理を認識できません。ですから、カントによれば、神の存在は証明されないのです。と同時に、神が存在しないということも証明されません。感性と悟性の協働によって成り立っている人間の理論的な認識能力では、神の存在の有無は決定できないのです。

それでは、なぜ、証明されない神の現存が要請されるのか。第一に、正しい者が幸福になることが正義だからです。このことは人間の願望とは関係なく、正義という概念そのものから主張できます。カントは、みずから正しく生きようとしない、それゆえ幸福に値しない人間を神の愛が恩寵によって救うことを期待しているわけではありません。正しいひとこそが幸福に値するからには、正しくないひとは幸福になるべきではないのです。しかしまた第二に、人間はあくまで理性とともに傾向性をあわせもつ存在であるゆえに、正しい者が幸福となる最高善の可能性は、正しく生きようという人間の思いを励ますために不可欠です。つまり、カントはたんに道徳法則の厳格な遵守を私たちに迫るだけではなく、人間があくまで傾向性によってでも意志が動かされてしまう有限な理性的存在者であることを意識して、神の存在と魂の不死の要請という考えにいたりついたわけです[11]。

私たちは意図して行為し、自分がそのように行為していることを経験します。しかし、その経験を導き、経験が（正しい者が不幸になるというふうに）私たちにとって無意味なものではないようにするものが存在するとすれば、それは経験を超越しているものであるという構造がここにはみられます。それはまた、経験によって知られうることがらを有意味にする枠組みそれ自体は、経験を超えた、それゆえ人間の認識能力を超えた思考、すなわち形而上学によって用意されるという構造でもあります。

正しい人間が幸福になる社会を人間が自力で造るべきではないかと思うひともいるでしょう。カントの目的の国の概念から、そうした社会の実現への示唆を引き出すことはできるでしょう。しかし、一九世紀になると、形而上学にたいする不信が募り、実証性こそが科学の証だと主張され、社会主義者たち――とりわけマルクス――が現われ、労働の搾取がない状態を正義と捉え、その意味での正義が実現された社会をめざす進歩史観を提示しました。その実現を可能とする基盤はもはや神ではありません。同じ時代に飛躍的に進展しはじめた科学技術が先々にもたらすであろうと期待される生産力の向上でした。

最高善の実現のためには、神の現存を要請せざるをえないのか、それとも、人間の手による社会の改善で可能なのかという問いにここでは答えを出すことはしません。しかし、科学技術は、人間の幸福に資するのみならず、人間が自分の欲望のために他の人間を犠牲にする新たな方法としても利用されてきましたし、おそらく今後もその可能性を孕んでいるでしょう。だとすれば、最高善の実現の可能性に思い煩うよりもまず先に、ともかく、人間をたんなる手段にしてはならない、人間にはそうしてはならない尊厳があるということをこの世の中で少しずつでも実現していくことをこそめざすべきでしょう。人間はひたすら幸福になることを望むのではなく、自分が幸福に値する人間となることを望まなくてはならないというカントの見解はまさにその地道な努力を示唆しています。(12)

第8章　註

(1)　ギリシア語で書かれたこのテクストでは、律法、義はそれぞれ世俗的な意味での法律、正義をも意味するnomos、dikaiosyneで言い表わされています。むろん、このテクストでは、それらの語は神の与えた法、神による救済という神学的な意味をもっています。

(2)　パウロ、『ローマ人への手紙』七章一九節（邦訳は、『新約聖書』、新約聖書翻訳委員会訳、岩波書店、二〇〇四年、六四二－六四四頁。〔　〕は訳書の挿入句。［　］は品川による）。

(3)　ブルトマン、R、「ローマ人への手紙第七章とパウロの人間論」、『ブルトマン著作集8　聖書学論文集Ⅱ』、杉原助訳、新教出版社、一九八五年［1932］、六頁。

(4)　ユダヤ－キリスト教の伝統では、人間は、被造物のなかで唯一、神に似せて創造された「神の像（imago Dei）」です。しかし、その力点は人間と他の被造物とを差別化することにあるのではなく、人間が神を範として努力すべきだということにあります（稲垣良典、「「神の像」再考――人間の尊厳の理論的基礎づけの試み」、三島淑臣ほか編『人間の尊厳と現代法理論――ホセ・ヨンパルト教授古稀祝賀』、成文堂、二〇〇〇年、六三三頁）。

（5） 第7章註（7）。

（6） 恩寵論争と呼ばれるこの問題は、五世紀に、意志の自由を重視するペラギウス派とアウグスティヌスによるその論駁として展開され、近代初頭にも、意志の自由を重視するモリナの属すイエズス会とドミニコ会によるその反駁のなかで再燃します。

（7） VI, 3（邦訳、『カント全集10 たんなる理性の限界内の宗教』（以下、『たんなる理性の限界内の宗教』）、北岡武司訳、岩波書店、二〇〇〇年［1793］、七頁）。

（8） カントにおいても「内なるひと」という概念は見出されます。たとえば、「私たちは、私の内なるこの神的人間の態度以外には、私たちの諸行為のいかなる標準をももっていない」（*Kritik der reinen Vernunft* [1781], A569/B597. 邦訳は、『純粋理性批判』中巻、原佑訳、平凡社、二〇〇五年、三七九頁）。

（9） V, 122–132（邦訳、『実践理性批判』、波多野精一・宮本和吉訳、岩波書店、一九五九年［1788］、一七四–一八六頁）。

（10） ただし、トマスが証明したのは神の存在についてであって、神の性質については神の超越性ゆえに確実に証明されうることではなくて、類比（アナロギア）によって知られるのみと考えました。また、カントが批判の矛先を向けたのは中世のトマスではなくて、彼の前の世代の哲学者ライプニッツやヴォルフの形而上学にたいしてです。

（11） この文脈で、カントは神の恩寵という観念を解釈しました。すなわち、たとえ、あるひとが道徳法則に従って生きることへと回心したとしても、それ以前には道徳法則に反する悪をなしたことが必ずやあったでしょう。正しさに応じて幸福が恵まれることが最高善である以上、どんな人間も一度たりとも悪をなしたからには全き幸福にあずかる資格はないはずです。人間がそのような存在でありながら、回心したその心のありようように照らして幸福を授かることができる可能性があるとすれば、それは神の恩寵によるという解釈です（VI,

72–76. 邦訳、『たんなる理性の限界内の宗教』、前掲、九七－九九頁）。

（12）「道徳は、いかにしてわれわれはわれわれを幸福になすべきかという教えではなくて、いかにしてわれわれは幸福に値するようにならなければならないかという教えである」（V, 130. 邦訳、『実践理性批判』、前掲、一八四頁）。

第9章 倫理（道徳）を幸福にもとづけるアプローチ（一）
——ベンタム

第7章で紹介したカントは、行為の善悪をその行為がなされるときの行為者の心のありよう、意志のあり方から判定しました。これにたいして、行為の善悪をその行為がもたらした結果から判定する考え方を帰結主義と呼びます。以下、三章にわたって、帰結主義を代表する倫理理論である功利主義を参照いたします。まずは、功利主義者の創始者ベンタムからです(1)。

1 功利性の原理、ないしは、最大幸福または至福の原理

ベンタムによれば、その行為によって利害を受ける当事者たちの幸福を増大させ、不幸を減少させる行為が善であり、その逆に、幸福を減少させ、不幸を増大させる行為が悪です。ベンタムはこの原理を、最初、功利性の原理と呼んでいましたが、後から最大幸福または至福の原理と呼ぶようになり

ました。

では、どんなことをイメージして幸福といっているのでしょうか。たとえば、アリストテレスは人間の幸福は知的な観想にあると説きました。哲学者なるものはえてして幸福を知的な充足と結びつけて語りがちです。これにたいして、ベンタムの画期的なところは、精神的なものから肉体的なものまであらゆる快楽と苦痛に視野を広げた点です。彼は単純な快楽の例をこんなふうに列挙しています。「(一) 感覚の快楽、(二) 富の快楽、(三) 熟練の快楽、(四) 親睦の快楽、(五) 名声の快楽、(六) 権力の快楽、(七) 敬虔の快楽、(八) 善意の快楽、(九) 悪意の快楽、(一〇) 記憶の快楽、(一一) 想像の快楽、(一二) 期待の快楽、(一三) 連想にもとづく快楽、(一四) 苦痛からの解放の快楽」[2]。善意と悪意が並んでいる景色はまさに玉石混淆《ぎょくせきこんこう》。この二つが並んでいるのは、他人の幸せを喜ぶ快楽も、自分の敵や嫌いな人物が不幸な目にあうのをしめしめと喜ぶ快楽も、本人にとっては「それ自体としては善」[3]だからです。むろん、それがただちに道徳的な意味でも善であるわけではありません。その点は次節で説明します。ベンタムはこのように行為の動機となる快苦の種類を枚挙し、さらには、快苦の強さを左右する行為者本人のさまざまな事情、行為者がその行為によって意図したこと、行為者が行為するさなかに意識していたこと等々を網羅して、人間の行為の分析を試みました。その分析の成果にもとづいた彼の理論を参照すれば、個々人は自分の行動を自己統治でき、社会は立法と行政を通してその成員の行動を制御できて社会全体がより幸福になるはずだとベンタムは考えたわけでした。

ベンタムによれば、功利主義こそが唯一の倫理理論です。でも、禁欲主義は功利主義と正反対にみえます。ところが、ベンタムからみれば、禁欲主義もまた功利主義の一種なのです。というのも、禁欲主義の目標は禁欲それ自身ではなく、禁欲を通して得られる魂の平静という幸福だからです。他方、ベンタムの生きたイギリス社会での有力な倫理理論は第6章で紹介した共感理論でした。共感は他人の幸福を促進します。功利主義と目標を共有しています。しかし、ベンタムは二つの点から共感理論を批判します。第一は、共感は自分の価値観や見解の押しつけに陥る傾向のあること、第二は、感情だけでは、他人が実際に行なった善を過大に称讃し、とりわけ悪を過重に非難する傾向があることです。ここから、ベンタムの倫理理論の眼目となる二つの項目がみえてきます。ひとつは価値観の多様性です。それは誰についても平等な価値判断能力を認めることを意味します。他方は、行為がもたらした善や悪の大きさとそれにたいする行為者への褒賞や罰の重さは釣り合わなくてはならないということです。ベンタムはまさにこれを主眼として刑法の改革をめざしていました。「それにふさわしい者にふさわしいものを」[4]というこの規範は、古来、正義と呼びならわされてきました。正義に従えば、ある行為の影響がおよぶ当事者の利害を考えるときに、「誰でもひとりとして数え、ひとりより多くに数えてはならない」[5]ことになります。さてしかし、はたして価値観の多様性と正義とを同時に満たすことはできるでしょうか。人びとが望む内容は種々様々です。それなのに、社会全体の幸福の増大をめざしてある方針を決めようとすれば、相競合する選択肢のなかからどれかひとつを選ばなくてはならないのです。

2　快楽計算

ベンタムはこの難問にどのように対処したか。彼は快苦の質（どのようなことに快苦を感じるか）の違いを捨象してもっぱら快苦の量（どれほどの快苦を感じるか）を基準とすることで葛藤の解消を図りました。その方法を快楽計算といいます。

快楽と苦痛は六つの基準によって数量化されます。その快苦がどれほど強いか、どれほど持続するか、その快苦が生じるのはどれほど確実か、どれほど近く（遠く）に生じるか、その快楽（苦痛）がどれほど多くの他の快楽（苦痛）を惹き起こすか、その快楽（苦痛）はどれほど多くの苦痛（快楽）をともなっているか。行為者N_1氏が行為CをするとN_1氏に生じる快楽について、この強さ、持続性、確実性、遠近性、多産性、純粋性のそれぞれからみて、その快楽の大きさを計ります。順にPl_1、Pl_2、Pl_3、Pl_4、Pl_5、Pl_6という値が出たとしましょう。それらの総計をPlN_1とします。同様に苦についてもPa_1、Pa_2……Pa_6を算出し、それらの総計をPaN_1とします。その結果、$PlN_1>PaN_1$となれば、行為CをしたほうがN_1氏の幸福が増し、したがってCはN_1氏にとっては善い行為です。逆に、$PlN_1<PaN_1$であれば悪い行為です。しかし、この行為の道徳的な善悪を判定するには、N_1氏のことばかり考えてはすみません。行為Cが影響をおよぼす当事者N_2、N_3……N_n氏の利害にも配慮しなくてはなりません。第七の基準である範囲が導入されます。この基準は当事者各人についてN_1氏にしたのと同様の計算をするように命じます。その結果、N_1氏が行為Cをするほうが Cをしないよりも幸福になるひとが

x人いて、不幸になるひとがy人いると算出されたとします。このとき、x＞yなら行為Cは善、その逆は悪です。かりに、少数者がたいへん幸福になり、多数者が少しだけ不幸になるとすれば、PlN_1、PlN_2……PlN_n の総和 PlS が PaN_1、PaN_2……PaN_n の総和 PaS よりも大きくなる場合もあるでしょう。しかし、「誰でもひとりとして数え、ひとりより多くに数えてはならない」以上、幸福になる少数者を特別扱いにはできません。幸福になるひとの数が不幸なひとの数より多くなることをまずめざさなくてはいけません。そのうえで、xがより大に、yが0に近づくほどますます善く、また、xが変わらぬとしても PlS がより大に、PaS がより小になれば善が増すわけです。めざすべきこの目標を最大多数の最大幸福と言い表わします。

質の異なる快苦を量に換算するのは不可能ではないかと思うひともいるでしょう。たしかに、ベンタムのモデルは単純すぎるようにみえます。しかし、たとえば、高速道路の建設を検討するときには、地域住民への健康被害、沿線の生態系の破壊、誰にどれほどの経済的効果があるか等々、まったく異なる質の利害を勘案して着工するか否かを決めなくてはいけません。功利主義はとくにそのような政策決定の場で援用されうる考え方です。

3　ベンタムの功利主義の諸特徴

ここでベンタムの功利主義の特徴をまとめておきましょう。

第一に、功利主義は行為のもたらす結果から行為の善悪を判定する帰結主義をとりますから未来志向の倫理理論です。しかし、それは反面、第二の特徴として、結果と無関係に遵守されるべきだとみなされている諸規範（たとえば約束や権利）の拘束力が相対的に弱められうることも意味します。現代の功利主義者シンガーの議論を参照しましょう。教授が講義に行く途中でキャンパスの池に子どもが落ちるのをみたとします。教授は子どもを助けるでしょう。その結果、講義の開始が遅れるでしょうし、ひいては休講にしなくてはならないかもしれません。それでも、大多数のひとは、その教授は定刻通りに講義を行なうことをあきらめても子どもを助けるべきだと判断するでしょう。シンガーは同じ論法をいっそう大きな問題にあてはめます。世界のなかには飢餓に苦しんでいるひとがいます。暮らしにゆとりのあるひとはその人びとを助けるためになにがしかの寄付ができるでしょう。お金を他のことに使うのと寄付をするのとどちらがより善でしょうか。

われわれの豊かさは、基本的な生活必需品以外に使うことができる余分な所得を得ていることを意味しており、それは絶対的貧困を減少させるために使うことができる。厳密にどれだけのものを諦めるように義務づけられていると考えるかは、一体何を防ぎうる絶対的貧困に匹敵するほど道徳的に重要なものとみなすかによって違ってくるだろう。カラーテレビ、しゃれた洋服、高価な食事、最先端のステレオ、休暇の海外旅行、（二台目の？）車、もっと広い家、子供を通わせる私立の学校……このなかのどれをとっても、功利主義者にとっては絶対的貧困に匹敵するほどの重要性をもたないであろう。(6)

そのお金はそのひとが正当に稼いだものである以上、そのひとに所有権があり、自由に処分してよい権利があります。その財産の一部を寄付してもらう権利は誰にもありません。もし、義務は権利と対応するかぎりで成立すると考えるならば、豊かな側は貧しいひとを援助する義務はなく、自分たちのお金を自分たちのためだけに使っても不正を働いたことにはなりません。ところが、そうした権利やその権利を裏づける正義よりも、飢餓の救済といういっそう大きな善を選ぶべきだとシンガーは説いているわけです。先ほど、各人をひとりと数えるベンタムの立場を正義と結びつけて紹介しました。しかし、功利主義の究極的に優遇する規範は正義よりも善です。もっと正確にいえば、功利主義では、各人をひとりとして数える以上、自分だけを特別扱いすることはできず、自分にとっての善よりもいっそう大きな善を他人にもたらす行為ならば、たとえそれが権利や義務という概念をもとに考えると義務を超える行為（supererogation）とみなされる行為でも、他人のためにそれを行なう善意をもつことが要求されるわけです。

さて、規則違反もそれが幸福の増大と不幸の減少につうじるなら、ベンタムの議論では正当化されえます。単一の行為についてその行為がもたらす結果によって善悪を判断する行為功利主義だからです。とはいえ、規則の拘束力がこのように弱まることはむしろ功利に反する結果となるかもしれません。たとえば赤信号で止まるか進むかを個々の場面で判断してよいようにしたら、信号への信頼が失われ、混乱が生じます。したがって、赤信号ではとりあえず止まるとしておいたほうが不幸を減らせるかもしれません。このように規則を単位として考える規則功利主義がのちに行為功利主義の修正版として提案されました。

第三の特徴として、ベンタムは各人をひとりに数えるという方針から特権を否定しています。この態度は、まさに産業革命が進み、選挙権が拡大していった一九世紀のイギリス社会の変化を示唆しています。とはいえ、各人をひとりに数えても、功利主義は多数決を原理とする民主主義と同じではありません。功利主義はどの選択肢を選ぶべきかという内容についての理論であるのにたいして、民主主義はどのようなやり方で決めるべきかという手続きについての理論だからです。

その反面、第四の特徴として、功利主義は多数の幸福を実現するために少数者の不幸を（むろん、求めはせぬものの）正当化する傾向をもちます。この点は以後ずっと功利主義を批判する論拠にもちだされます。ただし、各人をひとりと数える以上、自分が幸福にあずからぬ少数者の側となる場合でも、社会のより多くの成員の幸福のためにそれを甘受しなくてはなりません。だから、少数者の不幸を容認するとしても、功利主義が特定集団の利己心を擁護しているわけではありません。

第五の特徴として、ベンタムは価値観の多様を認めてあらゆる種類の快楽を量に換算するために快楽の質の差を捨象しました。

偏見をなくして考えると、プッシュピン遊びは音楽や詩の芸術、音楽や詩についての学問と等しい価値をもっている。プッシュピン遊びがいっそう大きな快楽を生み出すなら、音楽や詩よりももっと価値をもつ。プッシュピン遊びは誰もが遊べるが、詩や音楽を味わうひとは少数のひとだけである。[7]

高級な快楽と低級な（と思われている）快楽との違いを無視する発想は、次章にその一例をみるとおり、多くの論者の批判を呼びました。しかしだからこそ、ベンタムは道徳的配慮の対象を人間だけでなく、人間以外の動物にまで拡大できたのです。これが第六の特徴です。その幸福を配慮すべき存在とそうしなくてもよい存在を分ける基準はどこにあるのか、ベンタムはそれについてこう答えています。

推論能力か、それともひょっとして会話能力か。だが、成長した馬や犬は生後一日、一週間、それどころか一か月たった人間の子どもよりも比較にならぬほど合理的で気持ちが通じる。だが、他にどんな線引きが有効だというのか。問題は、推論できるかでも、話すことができるかでもない。ただ、苦しむことができるか、だけである。[8]

人間以外の感覚能力をもつ動物を苦しめることは、それによって社会全体により大きな快楽が生まれないかぎり、正当化されません。しかもそれは、動物を虐待する習慣が人間の性格におよぼす悪影響を避けるためではなく、動物自身にとって悪いことだからであり、したがって、人間のためにではなく動物のためにしてはならないことだからです(9)。

シンガーは現代にこの発想を受け継いで、ヒトという生物種の一員であるという根拠だけで人間をそれ以外の動物より優遇する発想を種差別と呼びました。シンガーはそこから、不要な動物実験の廃止や、動物に多大な苦痛を与える実験についてその方法の改善や感覚能力をもつ動物を使わない方法での代替を提案したり、劣悪な環境で動物を飼育する畜産業を告発し、菜食主義を唱道したりする動物解放論の運動を率先して進めています。

第9章　註

(1) Bentham の発音はベンタムともベンサムとも表記されますが、本人がそう名乗っていたということから、本書ではベンタムと表記します。
(2) Bentham, J., *An Introduction to the Principles of Morals and Legislation*, (eds.) J. H. Burns and H. L. A. Hart, Clarendon Press, 1996 [1789], p. 42（邦訳は、「道徳および立法の諸原理序説」、『世界の名著　ベンサム　J・S・ミル』、関嘉彦責任編集、中央公論社、一九七九年、一一七頁）。
(3) Ibid., p. 100（邦訳、同上、一七七頁）。
(4) 正義について、紀元前一世紀のローマを代表する哲学者キケロは「各人に各人のものを与えること」と、ローマ法の集大成者ウルピアヌスは「各人に彼の正当な分け前を与えようとする不変かつ不断の意思」と定義しています。
(5) ミルがベンタムの金言として伝えていることば。Mill, J. S., "Utilitarianism", in *Collected Works of John*

Stuart Mill, vol. X, (ed.) J. M. Robson, University of Toronto Press, 1969［1861］, p. 257（邦訳は、「功利主義論」、『世界の名著　ベンサム　J・S・ミル』、前掲、五二六頁）。

（6）シンガー、P.、『実践の倫理』、山内友三郎・塚崎智監訳、昭和堂、一九九一年［1979］、二二五－二二六頁。

（7）Bentham, J., *The Rationale of Reward*, John and H. L. Hunt, 1825, p. 206. プッシュピン遊びは子どもの遊びで、その遊び方の一例は、帽子のつばに二本の針を並べて載せておき、つばを叩くことで針をはねあげて一方の針を他方と交差させるというものです。

（8）Bentham, J., *An Introduction to the Principles of Morals and Legislation*, op. cit., p. 283.

（9）第1章註（2）に記したカントが動物虐待に反対する理由と比較してみてください。

第10章

倫理（道徳）を幸福にもとづけるアプローチ（二）
――J・S・ミル

ベンタムでは、社会全体の幸福の増大という目標にひきかえ、個人の問題は主題から退き、また、快楽の質の差が捨象されました。これらの論点をとりいれた功利主義理論を唱えたのがジョン・スチュアート・ミルです[1]。その著作『自由論』をみてみましょう。

1　自由の尊重とパターナリズム批判

たとえば、あるおとながお酒を飲むのが好きだとしましょう。お酒は健康を害するかもしれませんし、飲酒にかける時間とお金を別のことに費やすほうが賢明かもしれません。けれども、本人がそうした不利益を十分に理解したうえで、なおかつ人生の楽しみとして飲酒の習慣を選んでいるなら、他の人間がこのひとのために善かれと思って飲酒を強制的にやめさせるように干渉することは、ミルに

よれば、許されません。一般化すれば、

成年に達している他の人間にたいして、そのひとが自己の生活を自己の利益のために自己の選んだやり方で処理してはならないという資格は誰にもない[2]。

なぜ、そういえるのか。第一に、何が善（功利主義ですから幸福を意味します）であるかについては一律の答えはなく、価値観は多様だからです。だからといって、最善の選択がないわけではありません。本人が選ぶものがそれです。というのも、自分の気持ちと自分のおかれた環境については、ごく普通のひとでも他の誰よりもよくわかっているからです。強い愛情や友情がある場合を除いて、他人がそのひとに抱く関心は、ミルによれば、「間接的[3]」です。間接的とはどういう意味でしょうか。私たちが他人に忠告したり相談を受けて助言したりするときには、「あなたみたいなタイプは」とか「あなたと似た事情にあるひとは」というふうに類型を媒介にして、相手をその類型があてはまる大勢のなかのひとりとみなして答えを考え出すのが通例でしょう。しかし、本人にとって自分自身はたったひとりのとりかえのきかない存在です。それゆえ、たとえその選択が他人からみてそのひとに不似合いで不利益な愚かな選択にみえても、本人にはそれが最善の選択でありえます。本人の幸福を最も配慮しているのは本人である――これが先の主張の第二の論拠です。

ミルは相手を思いやる善意を否定しているわけではありません。相手がみすみす陥りそうな不幸に注意して思いとどまるように説得することは、むろん許されますし、通常はそうすべきです。しかし、他人が自分で選んだ選択をやめさせるまでの権限は私たちにはありません。相手が私たちからみた悪習から脱け出せない場合には、その相手とつきあい続ける義務は私たちにはありません。相手のために善かれと思い、本人の意向に反したり、本人の意向を無視したりするやり方で、相手が特定の選択をするようにしむけることをパターナリズムと呼びます。ミルはまさにこのパターナリズムを批判しているのです。(4)

2 他者危害原則

あるおとなが健康を害するおそれを承知のうえで飲酒を続けることには強制的に干渉できない――とはいえ、酒を飲んだ人間が車を運転するとしたらどうでしょうか。その人間は発見されしだい、運転を禁じられ、法にもとづいて処罰されるべきに違いありません。父親の飲酒癖のために家計が圧迫され、子どもが教育を受ける機会を放棄せざるをえなくなったら、どうでしょうか。その父親は世間から道徳的に非難されてしかるべきです。他人に危害を与えるような選択の自由は認められません。これを他者危害原則と呼びます。

個人ないしは公衆にたいする明白な損害または明白な損害のおそれがあるときはいつでも、問題は自由の領域の外へとりだされ、道徳や法の領域のなかにおかれる。(5)

ただし、「明白な」と断わっているように、ミルは他者危害原則の濫用を懸念しています。なぜなら、偶発的に生じた危害やたんなる推定上の危害を恐れて個人の自由を制約するほうが社会全体にとって不幸な結果となるだろうと考えるからです。したがって、他者危害原則とは、社会が個人の自由に干渉することが正当化されるのは他者に危害がおよぶことが明白な場合だけであるという限定的な効果をめざす原則です。裏返していえば、他者危害原則に抵触しないかぎり、個人の自由は最大限に認められているわけです。

ここでは、人間の生活のうち本人にだけ関係する部分と他人に関係する部分とのあいだに鋭く線が引かれています。法が前者に立ち入ることは許されません。倫理（道徳）は、たとえば怠惰を戒めるというふうに、まだ前者に立ち入ります。しかし、特定の倫理観にもとづいて、人びとが集団の力を借りて（世論によって）前者に属す問題で個人を糾弾するのを禁じるべきなのはもちろん、ミルの議論のおもむくところ、個人が自分自身の奉じている倫理観から他人の私的な選択を非難することも慎むべきことにあたるでしょう。なぜなら、功利主義は功利性を唯一の目標としているので、本人の幸福の減少に通じる勧告は功利主義的な視点からはもはや倫理的な意義をもたないからです。それゆえ、ミルの見解のなかに、プライヴァシーが不可侵の領域として現われてくる萌芽をみることもできます。

国家は教育の内容を統制すべきか。ポルノグラフィの出版を表現の自由のもとに認めるべきか。これらはどれも個別に論じなくてはならないテーマですが、ミルの見解からすればおよその方向は示唆されます。国家は教育機関として認可できる範囲内で、たとえば、宗教などの特定の観点に立った教育方針をもった学校を認めるべきで、学校の選択は親に任せるべきでしょう。少なからぬひとが眉をひそめる内容の出版物でも、それを私的に享受するひとがいて誰にも危害がおよばぬかぎりは禁止すべきではなく、ただしその商品によって傷つくひとが出ないようにその頒布のやり方は規制すべきでしょう。パターナリズム批判と他者危害原則はこのように具体的な問題に指針を与えることができるわけです。

3　順応主義的で画一的な大衆社会への批判

はたして、ミルの期待するように、自由は社会のなかで実現しているでしょうか。同時代の社会にたいするミルの評価はきわめて辛辣でした。誰も自分の好みや性格をよく考えて自分を伸ばす選択を心がけておらず、自分と似た身分、経済状況にあるひとたち、ないしは自分より少し恵まれたひとたちが、普通、していることを選ぼうとしています。

> 私は、彼らが自分の性向に合うものを捨てて慣習的なものを選ぶといっているのではない。彼らは、慣習的なものにたいするものを除けば、なんの性向ももとうとはしないのである（中略）。ついには自己の本性に従わぬことによって、彼らは従うべき本性をもたなくなる。彼らの人間的諸能力はしぼみ、やせ衰える(6)。

そもそもミルが選択の自由を肯定したのは、自分の幸福を最も配慮するのはその本人だという前提からでした。ところが、他人ならざる本人自身が「私みたいなタイプ」「私と似た事情にあるひと」といった類型を媒介にして自分のことを考えてしまっているのです。一八世紀後半に始まる産業革命は大量の農民を貧しい労働者に変えましたが、ミルの生きた一九世紀のイギリスでは、生産に不可欠な労働者の労働環境や生活環境に配慮する法律が徐々に制定され、選挙権の拡大が進んでいきました。それとともに、大勢に同調する順応主義が支配する画一化された大衆社会が姿を現わしてきました。この潮流に抗して個性ある行動を示すひとは、ミルによれば、他のひとにとって模範となりうる自由の実例です。

現代においては、たんに人びとに同調しないという例を示すこと、たんに慣習に膝を屈することを拒絶することそれ自体が、ひとつの貢献となるのである。(7)

では、ひょっとして自分自身で選択する自由を失うことでかえって幸福になるとしたら、どうでしょうか。ミルは、自由を放棄する自由を認めません。(8) その主張はなるほど、ほとんどすべての場合、自己配慮が幸福につうじるという論拠によって裏づけることができます。けれども、今現在、個性を発揮するよりも大勢に随従する自由なき幸福を選ぼうとしているひとを論駁《ろんばく》するには自己配慮とは別の論拠が必要です。その理由は何でしょうか。

4　ミルは純然たる功利主義者か

この問いは幸福か自由かの選択を迫るものです。ですから、ミルは功利主義者かという問いでもあります。これにたいして、ミルは自分の立場をまさに功利主義的に正当化しようと試みます。すなわち、完全な人間はいない。人間社会は互いに異なる見解を参照することではじめてさらなる真理に近づくことができる。したがって、人びとがそれぞれの個性を発揮して、互いが参照する見解が多様になれば多様になるほど、長期的にみれば人間社会全体の進歩に、それゆえ幸福の増進に貢献する。これがミルのとった立場でした。とはいえ、この論法は人類の歴史というあまりに長いスパンで功利性の達成をみています。その点で功利主義の明快さは薄れています。というのも、行為とそれがもたらす結果とのあいだの因果関係が確定される場合にこそ、したがって通常、時間の射程が短い場合にこそ、行為の功利性は明確に査定されうるからです。だとすれば、功利主義者ミルのなかには、すぐには現実化しない遠い目標を求める理想主義の要素が混じっているといえましょう。彼は、まず、個性と自由こそが人間たるあかしとみなし、個性の実現と自由の実践を人間の理想と捉え、そのうえで、個性の実現と自由の実践が長期的にみれば人類の幸福につうじるというふうに功利主義的に正当化しているのです。

快楽の質の差を重視する彼の主張は、この文脈で理解できそうです。

満足した豚であるよりも不満足な人間であるほうがよく、満足した馬鹿であるより不満足なソクラテスであるほうがよい。そして、もしその馬鹿なり豚なりがこれと違った意見をもっているとしても、それは彼らがこの問題について自分たちの側しか知らないからにすぎない。比較の相手方は、両方の側を知っている。[9]

豚の欲求（の一部）は人間も共有しており、馬鹿の欲求（の一部）はソクラテスも共有しています。けれども、人間は豚の、ソクラテスは馬鹿のあずかり知らぬ欲求ももっています。そこで、この独自の欲求の充足と共有されている欲求の充足とのあいだで、人間（ソクラテス）が前者をいっそう望むとすれば、そのことこそが、前者が後者よりも高級な快楽である証拠にほかならない、という論証です。[10]

すると、快楽の質の差を捨象したベンタムはこの論証によって論破されたのでしょうか。そうではありません。ミルとベンタムでは、文脈が違うのです。ベンタムでは、快楽や苦痛を感じる能力のある者が幸福になるように配慮することが課題でした。その者が享受できない質の快楽はその者にとって無意味です。その者が求める快楽が低級なものとみなされようとも、馬鹿であれ豚であれ、幸福になるほうがいいのです。他方、ミルでは、豚はいざしらず、人間には進歩と向上がありうるということが念頭におかれているのであって、したがって、より高級な快楽を享受できるひとの数が今よりも多くなることは、社会全体の幸福が増大したことを意味しているわけです。

第10章　註

（1）他の章と違ってミルにかぎってフルネームを記すのは、彼の父ジェームズ・ミルと区別するためです。当時、宗教に立脚しない思想家を自由思想家と呼びましたが、父ミルはベンタムの友人で自由思想家のひとりでした。「父にいわせれば、宗教は道徳の最大の敵だった。（中略）何よりもけしからんのは道徳の基準を根本的に低下させる、つまり、ある存在の意志どおりに動くことが善だとするからである」（Mill, J. S., *Autobiography of John Stuart Mill*, Columbia University Press, 1924［1873］, p. 28（邦訳は、『ミル自伝』、朱牟田夏雄訳、岩波書店、一九六〇年、四四頁）。子は父自身が手掛けた英才教育のもとで古典語、古典語で書かれた歴史、さらに論理学、経済学等々を学び、宗教と無縁に育ちました。

（2）Mill, J. S., "On Liberty", in *Collected Works, XVIII, Essays on Politics and Society*,（ed.）J. M. Robson, University of Toronto Press, 1977［1859］, p. 277（邦訳は、「自由論」、『世界の名著　ベンサム　J・S・ミル』、関嘉彦責任編集、中央公論社、一九七九年、三〇二頁）。

（3）Ibid.（邦訳、同上）。

（4）パターナリズムはラテン語の pater（父、神父）を語源にするため父権主義とも、また、意訳して温情干渉主義とも訳されます。ただし、ミルの主張は成人を対象としており、しかも本人が自分の選択の不利益についてもわきまえていることが前提です。子どもや、また成人であっても病気や中毒や一時的混乱等のために十分な判断力を欠く場合には、パターナリスティックな配慮は必要です。それでは、判断力が十分か否かをどのようにして判定すべきでしょうか。ミルの『自由論』はこの問題に立ち入っていませんが、一般的には、選択することがらの内容とその結果の重要性に応じて決められるといえるでしょう。

（5） *On Liberty*, op. cit., p. 282（邦訳、前掲、三〇九頁）。

（6） Ibid., pp. 264–265（邦訳、同上、二八五頁）。

（7） Ibid., p. 269（邦訳、同上、二九二頁）。

（8） Ibid., pp. 299–300（邦訳、同上、三三三頁）。自分自身の判断によって選択を下すように求めるミルの自己決定の概念は、他律を拒む点で、カントの他律への批判に通じるようにみえるかもしれません。しかし、カントでは、たとえ、本人自身がそれを選んだとしても、たんに本人の快楽への傾向性に従って選んだだけなら、それは自由でも自律でもありません。傾向性に強制されているだけだからです。すなわち、カントでは、意志が普遍的道徳法則のみによって規定されている（いいかえれば、義務にのみもとづいている）ことが自律です。これにたいして、ミルは功利主義者ですから、快楽にもとづく選択を他律として否定するわけではありません。しかし、自分で自分のことを真摯に考えずに、大勢に流され、他人の判断にたんに順応して決定するときに、その決定は真に自己決定の名に値しないと、ミルは批判しているわけです。

（9） Mill, J. S., "Utilitarianism", in *Collected Works of John Stuart Mill*, vol. X,（ed.）J. M. Robson, University of Toronto Press, 1969［1861］, p. 212（邦訳は、「功利主義論」、『世界の名著　ベンサム　J・S・ミル』、前掲、四七〇頁）。

（10） 比較すべき対象をすべて知っている者こそがその対象について適切に評価できるということと同型の論証は、プラトンもまた行なっていました（第3章**2**）。

第11章 倫理（道徳）を幸福にもとづけるアプローチ（三）
——ヘア

1　功利主義にたいする批判

どのような倫理理論も他の陣営からの批判を免れませんが、功利主義ほど批判にさらされてきた理論も少ないでしょう。しかし、功利主義は論敵に反撃することでさらに洗練さを加えたヴァージョンを編み出してきました。

功利主義に寄せられてきた批判の主たる論点は、功利主義が多数の幸福のために推奨する選択があまりに道徳的直観[1]に反する、つまり、けっしてしてはならないとしか思えないことを行為者に迫るという点でした。いくつもの思考実験が案出されました。たとえば——。植物採集のために熱帯地方の政情不安定な国を訪れたひとが、政府に抗って蜂起した村々の住民一九人とともに政府軍に捕まります。素性は知れたのですが、政府軍の隊長は彼に「住民のひとりを射殺せよ。それならおまえと残りの住民を解放する。さもなければ住民全員を殺す」と理不尽な提案をもちかけます。一九人の生存を善とすれば、彼は見ず知らずの、彼の命を脅かしてもいない、それどころか蜂起した一員かどうかもさだかでない住民たちから誰かひとりを何の理由もないままに選んで殺すことが善になります。(2)

別の例。路面電車が暴走し、運転手は切り立った崖にはさまれた逃げ場のない線路をそのまま突っ走るか、同様に狭い分岐線のほうに突っ込むかしかできません。そのまま走ればその先で工事している五人の工夫をひき殺すでしょう。他方、分岐線で働いている工夫はたったひとりです。だとすれば、分岐線に曲がるべきです。(3)このように功利主義はより多数の幸福のためであれば、殺人、しかも無実のひとを殺すというどんな社会でも許されない行為を命じるというわけです。

また別の例。消防士が駆けつけると、炎上するビルに二人のひとがとり残されていました。火の回りの早さからひとりしか助けられません。ひとりはガン研究の指導的地位にいる医師であり、もうひとりはビルの掃除婦ですが、しかし消防士の母親でした。より多くのひとの幸福につうじるという観点からすると、おそらく医師のほうを助けるべきでしょう。だがそのために消防士は母親を見殺しにしなくてはいけません。(4)功利主義は特定の人間関係やその人間の人生にとって重要なことを無慈悲にも私的な問題として切り捨てるというわけです。

以上、反功利主義者からみると、功利主義は道徳的直観に反する行為をするように迫り、しかもあえてその行為を果たした人間を道徳的に称讃に値する人物というよりは、むしろ侵すべからざる規範を合理性のために踏みにじった忌まわしい印象がつきまとう人物にしてしまうのです。

2 ハリスのサバイバル・ロッタリー

他方、功利主義の側からも道徳的直観に反する功利主義の擁護論が提出されています。ハリスが提示した挑発的な思考実験をみてみましょう[5]。臓器移植が完璧な治療法となり、あらかじめドナーの候補として登録したひとだけが移植を受けられるシステムにしたとします。登録したほうが長く生きられる確率が高くなるなら、大多数が加入するでしょう。さて、心臓、肺、肝臓等々それぞれの臓器に移植手術を必要とする患者たちに、健康なひとりのひとからこれらの臓器を摘出して移植すれば、臓器を提供したひとりは死にますが複数の命が助かります。より多くの人間が長く幸福な人生を送れることをめざす功利主義なら、くじびきで臓器提供者を決める制度を前述のシステムに導入すべきではないでしょうか。

むろん、この提案は種々の道徳的直観に著しく逆らいます。自分がくじに当たらぬかと加入者は不安になる。健康なひとを殺してよいのか。無実のひとを殺してよいのか。かけがえのない個人を他人のために犠牲にするのか。移植を待たずに死ぬのは悲劇であっても倫理的な悪ではないが、移植のための殺人は悪である。臓器摘出のために他人を殺す権利はない。ハリスはこれらの批判に順々に答えていきます。くじに当たる確率が犯罪や事故で死ぬ確率よりもはるかに低いなら、加入者の不安は弱まる。不運にも病気になったひとなら死んでもやむをえないのか。移植を待つひとも無実で、しかも複数いる。そのひとたちもまた犠牲者と同じくかけがえのないひとである。殺すこと（作為）が死ぬに任せること（不作為）よりも倫理的に悪いとは断言できない。なぜなら、いっそう悪なのは、可能なかぎり多数の人命を救うという善にいっそう反するほうだからだ。臓器移植という生存のための唯一の手段を禁じることもまた他人を殺す結果となる点に変わりはない。こう反論できる以上、功利主義者は制度に賛成すべき理由が十分あるとハリスは示唆します。

とはいえ、この提案は明らかに現実的ではありません。(6) むしろ、この挑発的な思考実験は、生きる権利、個人のかけがえのなさ、作為と不作為の区別など、通常は不可侵と思われている規範さえ状況次第では揺らぎうるではないかという疑問を突きつけた点で意味をもちます。

3　ヘアの道徳的思考の二つのレベル

功利主義は道徳的直観を軽視し、結果的に反道徳的な人間を作り出すのか。この批判にたいして、ヘアは私たちが倫理（道徳）の問題を考えるさいに行なう思考を直観的思考と批判的思考との二つのレベルに分けることで反論しました。

通常の道徳的問題に対処するには直観的思考ですみます。(7) 私たちが幼いころからしつけられ、身につけてきた道徳的直観や一見自明の義務に対応する原則——たとえば、「嘘をつくな」「約束を守れ」「ひとを傷つけるな」「ひとに親切にせよ」等々——を適用すればよいからです。普通の道徳的直観は「まさにありふれた事例について受け容れられる処置を命じるから健全」(8) な道徳的直観なのです。

したがって、功利主義者もすべてのひとが健全な道徳的直観を修得することを善と考えます。ところが、ある道徳的直観や一見自明な義務がある行為を命じるのに、他の道徳的直観や一見自明な義務は逆の行為を命じる場合があります。たとえば、嘘をつかないと相手を深く傷つけるという状況はその起こりがちな例です。道徳的ディレンマと呼ばれるこのような状況では、道徳的直観や一見自明な義務同士が対立していますから、もはやそれらに頼ることはできません。ここで要請される思考が批判的思考です。批判的思考の課題は今このディレンマに答えを出すだけではありません。求められているのは道徳的な解決ですから、第**1**章**3**に記したように、倫理（道徳）的判断のなかで使われる語である「べし」や「よい」が原則的に誰もがいつでもどこでもそれをするように勧めることを含意するように、類似の状況ならつねに採用されるべき原則を示さなくてはなりません。倫理的判断についてのこのメタ倫理学的な見解を、ヘアは普遍的指令説と呼びました。そしてヘアは、批判的思考は功利主義にのっとって答えを見出せると考えました。すなわち、今現実にディレンマに陥っている当事者たち、さらにこのディレンマと類似の状況に関わる当事者たち全員にとって（各人の選好が満たされるという意味で）最善であるような原則こそがすべての当事者に受容される原則だと考えるのです。[9]そのような原則を洞察するには、利己心や自分と親しいひとへの偏愛にもとづくえこひいき、不公平をしないのはもちろん、選択可能な行為の種類とそれぞれの行為がもたらす帰結を予見できなくてはいけません。人間はそのような能力をもつでしょうか。しかし、ヘアによれば、個々の人間は、程度の差はあれ、つねに的確に批判的思考をする存在とつねに道徳的直観しか頼れない存在との両極のあいだに位置しています。批判的思考をする能力がどれほどであれ、いずれにしても、人間が直観的思考しかもてないと想定するならば、人間はディレンマから脱出することができないことになります。

だとすれば、本章**1**に紹介した種々の思考実験は、ヘアからみると、直観的思考から一歩も出ようとしない点で誤っています。しかも、その想定する状況はきわめて現実離れしているので、反功利主義者の思惑と違って、そもそも道徳的直観を擁護するには不適切です。非日常的な事態には、むしろ批判的思考こそが要請されます。批判的思考は功利主義者が出すだろうと反功利主義者が推測しているような反直観的な指針を指令するかもしれません。だがその場合でも、その指針の適用はきわめて非日常的な事例にのみ限定されるので、反功利主義者が功利主義の悪影響として懸念しているような日常生活のなかで道徳的直観がなしくずしにされるおそれを過大視する必要はないでしょう[10]。

第9章**3**に言及した規則功利主義と行為功利主義とを用いて、ヘアは直観的思考と批判的思考を説明しています。直観的思考では、道徳的直観や一見自明の義務が規則の役割を果たす規則功利主義が採用されています。しかし、その規則が通用しない例外的な事態では、規則に従った行為と規則に反する行為とのそれぞれの帰結の善悪を算出する行為功利主義にのっとらなくてはなりません。さらには、いかなる規則が日常生活のなかで採用されるべきかを決めるために批判的思考を行なう場合も同様です。なお、日常生活のなかで規則が尊重されるとしても、反功利主義者が懸念するような特定の人間関係を無視した功利性の追求が要求されるとはかぎりません。たとえば、親が他人の子どもよりも自分の子どもを大事にする習慣は、大多数の子どもの保護と幸福に寄与するかぎり、功利主義でも支持されます。「xがyの親であるなら、xはyをy以外の子どもより大切にすべきだ」と定式化しましょう。この規範は、親子関係にある者全員に適用されうる以上、ある個人の利己心やえこひいきを表現しているのではなく、規則として普遍性をもっています。

以上のように、ヘアはエレガントな倫理理論を構築しました。エレガントとは、より少ない原理でより多くの事例に適用されうる見解をすっきりした論証によって提示している場合をいいます。いかなる学問分野であれ、およそ理論なるものはそれをめざしています。では、ヘアの理論であらゆる倫理的問題が解決されたのでしょうか。そうではありません。批判的思考をすれば道徳的ディレンマは解決できると請け合うだけでなく、批判的思考を実際に運用——つまり、類似の状況におかれたすべての当事者の選好を満たす行為を指令しているといいうるほどに的確に状況を把握し、推論——できなくてはならないからです。さらには、当事者全員の選好が充足される事態が最善であるという基準はまさに功利主義の発想ですが、そもそも、善とは社会全体の幸福の増大、不幸の減少だという功利主義の前提がすべての倫理学の研究者に支持されているわけではありません。

というわけで、これまでご紹介してきた倫理の基礎をめぐる有力ないくつかの倫理理論のなかで、決定的な勝利を占めたといえるものはまだ存在していないのです。

第11章　註

（1）哲学や倫理学にいう直観とは、「ぴんときた」といった日常的な意味での直感ではなくそれ以外の可能性がその時点では排除されていてそうとしか思われないことをいいます。

（2） Smart, J. J. C. and Williams, B., *Utilitarianism for and against*, Cambridge University Press, 1973, pp. 98–99. この思考実験はウィリアムズの挙げている事例からとりましたが、話の細部を少し変えています。

（3） Foot, F., *Virtues and Vices and Others Essays in Moral Philosophy*, Clarendon Press, 2002, p. 23. フットはこの例を二重結果説批判のために援用しています。二重結果説とは、付随して起きると予見される結果が望ましくなくても意図する結果が善ならその行為は許されうるという説です。フットは二種類の結果をベンタムの間接的意図と直接的意図とに読みかえています。ただし二つの概念の対は異なり、二重結果説は悪い方法を結果の善さで正当化しませんし、ベンタムは意図と結果の関係で両者を区別しただけです。

（4） Maclean, A., *Elimination of Morality: Reflections on Utilitarianism and Bioethics*, Routledge, 1993, p. 6. この思考実験の原型は、火事から大司教と大司教の侍女である母親のいずれを救出するかを迫られる娘というゴドウィンが一八世紀に考えた話に由来します。

（5） ハリス、J、「臓器移植の必要性」［1980］、『バイオエシックスの基礎——欧米の「生命倫理」論』、加藤尚武・飯田亘之編、東海大学出版会、一九八八年、一六七–一八四頁。

（6） ハリスが提案したシステムは、社会から健康なひとの数を減らし、また、移植をあてにして不節制が増えるモラル・ハザードを誘発しかねません。ハリス自身もこれらの功利主義的理由から、サバイバル・ロッタリーを一般的な提案としては引き下げています。

（7） 第1章註（4）を参照。

（8） ヘア、R・M、『道徳的に考えること——レベル・方法・要点』、内井惣七・山内友三郎監訳、勁草書房、一九九四年［1981］、七四頁。

（9） 類似の状況の当事者全員に受容されうることを普遍化可能性と呼びます。なお、選好とは他の事態よりある事態をいっそう望むことをいいます。現代の功利主義者は、ベンタムの理論では快楽にあたるものを選好の充足におきかえて考える傾向にあります。選好は各人の価値観を直接に反映するからです。

(10) ハリスは最終的に瀕死の患者だけにサバイバル・ロッタリーを適用することを提案していますが、日常的に運用されるべき臓器移植のシステムのなかに彼の提案するような種々の道徳的直観に反する制度を盛り込むこと自体がそもそも不可能でしょう。

第Ⅲ部　正義をめぐって

■第Ⅲ部では、一九七〇年代以降の倫理学にあってとりわけ注目を集めてきた主題のひとつである正義をめぐる話をいたしましょう。まずは正義概念の歴史をさかのぼり、その後、現代の正義論としてロールズとノージックを紹介し、これにたいして、善より正義を優先するこれらのリベラリズムの論者に反対して正義よりも善を優先する共同体主義を対置します。ついで共同体主義の系譜をさかのぼるという脈絡から、アリストテレス、ヘーゲルをとりあげます。ヘーゲルの批判はリベラリズムの系譜に近いカントに向けられました。そこで、ヘーゲル的な倫理とカント的な道徳とを調停する討議倫理学を参照しましょう。そのうえで、対等な関係を範型とする正義とは異なる規範を基礎に据えたケアの倫理、ヨナスの責任原理を紹介し、最後にレヴィナスとデリダに正義概念の脱構築をみることにします。これらの哲学者は第Ⅱ部で論じた倫理の基礎づけのなかでとりあげてもよい人びとです。けれども、そのほうがわかりやすいかと考えて正義をめぐる議論のなかに登場してもらいました。

第5章**3**に記したように、時代は積み重なるものです。第Ⅲ部に登場するさまざまな倫理理論についても、私たちがそこに拠って立つ足場であってそこから栄養を得ている時代の地層を掘り起こすつもりでお読みいただき、そしてまたとりわけ第20章では、私たちの時代がその地層のなかに埋もれてしまったあとに到来する未来にも思いを馳せてもらえればと思っております。

第12章 正義と善

1　アリストテレスの正義概念

正義の概念を整理する試みはアリストテレスにさかのぼります。彼はまず、正義を「人びとをして正しいものごとを行なうたちのひとたらしめるような「状態《ヘクシス》」(1)」と定義しました。「状態《ヘクシス》」とは習性とも訳し、不正を避けて正しいことをする構えが身についていることをいいます。アリストテレスによれば、不正なひととは法に背くひとや自分の取り分をひたすら大きくしようとするひとです。正しいひとはその逆に、法を遵守し、自分がもらってしかるべき取り分で満足します。法は国民みなの幸福のためにあり、自分の取り分という発想は他人の存在を前提にしますから、正義や不正が問われるのは他人と関わる場面です。アリストテレスの挙げた例では、法は戦列からの離脱や姦淫や暴行行為等々を禁じています。これはすなわち、法が順に勇敢・節制・穏和等々の諸徳を勧めているのだと彼は解釈しました[2]。だから、法を遵守するひととは、あらゆる徳を体得しているひとにほかなりません。アリストテレスはこの完璧な徳の修得を一般的な意味での正義と呼びました。この正しいひとの概念の前身には、第3章に記したように、魂の三つの部分がそれぞれの役割を果たして調和している人間というプラトンの描いたイメージがあります。

一般的な意味の正義にたいして、人間関係の個別の場面で考えられる正義が特殊的正義です。アリストテレスは特殊的正義を分配的正義と匡正的《きょうせい》正義[3]とに分けています。

分配的正義とは、そのひとの価値、功績に応じてそのひとにふさわしい取り分を分けることをいいます。その適切な取り分を超えて欲しがるひとは、前述の通り、不正なひとです。もし、Aさんの価値とBさんの価値との比がx:yなら、Aさんの取り分とBさんの取り分との比もx:yでなくてはなりません（幾何学的比例）。では、価値とは何で、取り分とは何でしょうか。アリストテレスは、最初の例では、価値にそのひとの（身分を含めた広い意味での）性格を、取り分に政治に参加する権利を挙げ、別の箇所では、価値には事業への出資額を、取り分には事業から得られる利潤の分け前を挙げています[4]。

他方、匡正的正義は算術的比例によって各々の取り分を定めます。たとえば、詐欺の犯人が被害者からx円を奪ったら、匡正的正義は加害者に被害者へx円返すように命じます。

ところが、売買の契約には、幾何学的比例と算術的比例の両方が関わっています。靴屋が大工に家の建築を代金y円で依頼したとしましょう。正義は、大工にはy円の値打ちのある家を作るように、靴屋にはy円を支払うように命じます。靴屋が大工にy円支払う点では算術的比例です。しかし、靴屋がy円を調達するために靴をp足売らなくてはならないとすると、靴一足と家一軒の価格の比（1：p）は幾何学的比例です。売買に関するこの正義はのちに交換的正義と呼ばれるようになります。すると、特殊的正義には三種類あることになるのでしょうか。そういう解釈もあります。だが、アリストテレス自身は特殊的正義を分配的正義と匡正的正義の二種類に分けており、さらに匡正的正義を当事者の一方の意志による行為に関する場合と当事者の合意で成り立つ事態に関わる場合とに分けています。前者の例には詐欺が、後者の例には売買契約があたるわけです。なぜ、彼は両者をひとつにまとめたのか。おそらく、分配的正義と違って、詐欺の場合も売買契約の場合も、正義の命令が当事者の性格とは関係なく下される点に共通点をみたのでしょう[5]。

分配的正義、匡正的正義、交換的正義という概念は今も使われています。けれども、現代の社会からみると、アリストテレスの説明にはいくつか違和感を覚えませんか。彼が最初の例に引いた政治に参加する権利は、現代の民主主義国家では、成年の国民に等しく与えられます。取り分を定める基準である価値や功績には性格を挙げるより、労働を挙げるほうが現代人に納得しやすいでしょう。そして、たとえば、「貧しい家庭の子どもが高等教育を受ける機会に恵まれず、その結果、貧困が世代を超えて連鎖するのは社会正義に反する」というふうに、現代では、貧困層や障碍者などの社会的弱者にたいする援助も正義と呼ばれます。しかし、アリストテレスの正義概念には弱者を援助する社会的制度はみあたりません。なぜなら、その分配の基準は価値や功績であり、他人の援助を必要としているということは肯定的な意味でそのひとの価値と認められるものではないからです。

2　正義と善

第9章註（4）に記したように、キケロは「各人に各人のものを与える」と正義を定義しました。これも正義概念の源のひとつです。彼は社会における人間関係を成り立たせる理法を二つ挙げました。(6) 正義はそのひとつです。具体的には、不法に傷つけられないかぎり誰にも害を加えないこと、公共の物を公共のために私物を所有者のために使用させることがその例です。キケロは、本来、自然は人間の共有のために与えられたと考えますが、いくつかの手続きを挙げて私有を認めています。(7) もうひとつの理法は、親切や慈愛や寛大と呼ばれます。すると、不遇なひとを援助する社会正義がここから導けるのではないかと思われるかもしれません。しかし、キケロはその親切が、第一に相手や第三者の障害とならぬように、第二に親切にする側の能力の限界を超えないように、第三に相手の品位に応じてなされるようにと戒めます。第一点は、親切が相手の甘えや怠惰を誘発するおそれがあり、また、他人のために私財を傾ければ子への相続資産を減らしてしまうおそれがあるからです。第三点の品位の例には、相手の道徳的な性質、こちらにたいする態度や双方の関係の深さ、相手がこちらにこれまでしてきた貢献が挙げられています。ですから、親切はあくまで個人的な行為であり、対象も親しいひとにかぎられます。キケロのいう親切の概念がただちに社会のしくみに転化していったわけではありません。

古代から中世に目を転じましょう。弱者を助ける慈愛がキリスト教倫理のなかで奨励されたことは疑えません。とはいえ、最も優れた徳はやはり正義でした。第5章**1**に言及したトマスは各人にその所有物を与える正義と自分の所有物を他人に与える寛厚《かんこう》とを比較してそう結論します。というのも、第一に、寛厚は本人だけに帰属する徳であるのにたいして、正義は社会全体を安定させる共通善であり、第二に、寛厚が及ぶ範囲はかぎられているが、正義は万人に適用され、第三に、本人の所有物を確定する正義が成立していなければ、寛厚の行為は行なわれようがないからです(8)。

第二点は、寛厚が完璧に成し遂げることが不可能な徳、正義が完全に履行しうる徳であることを示しています。この区別は、第7章に記したように、のちに不完全義務と完全義務と呼ばれ、後者は怠れば非難され、前者を実行することは称讃に値するとみなされました。ということは、困窮状態にあるAさんにBさんが自分の所有物を分け与えるなら、AさんはBさんに感謝すべきでこそあれ、Bさんに援助を要求する権利はありません。援助するもしないもBさん個人の裁量です。この点で、正義や権利の規範が対等な関係、それゆえまた相互性を前提とするのにたいして、(親切、慈愛、寛大、寛厚など)善意という概念で総称される規範のグループは行為者とその相手の非対称性を前提としています。

もっともトマスは、緊急必要な場合の盗みは許されると考えました。その理由はこうです。神は人間が人間ではない物によって必要を満たすように自然の秩序を作り上げた。人間的正義は神的正義や自然的正義に違反することはできない。緊急事態ではその物が誰の所有物かを定める人間的正義が停止するから、神的正義や自然的正義が発効する。ゆえに、盗みは許されるというのです。正義が複数の階層の審級をなしていると考えられているわけです(9)。とはいえ、トマスはこの緊急事態をかなり例外的な場合に限定しており、しかも緊急事態においても、助けるべき人間は大勢いて同じ物でその全員を助けることはできないから、私財を投じることは「各人の決定に委ねられている(10)」と判断します。キケロの第二点やトマスの第三の理由からは、善意は正義を前提としてのみ成り立つという発想が読みとれます。この考え方はのちのちも力をもちつづけます。

3　ロックの労働所有論

先に、現代では各人の取り分を定める基準としてまず労働を想定すると申しました。この考えを定式化したのはロックで、彼の『統治二論』のなかに表明されています。『統治二論』は王権神授説の論者フィルマーを論駁《ろんばく》し、統治は国民の合意によって正当化されうるとする社会契約論を展開し、イギリスの名誉革命を擁護し、さらにはアメリカの独立やフランス革命にも深い影響を及ぼしました。

フィルマーは、神がアダムに地の支配を命じた(11)のはアダム個人にこの世界を委託したことを意味し、その支配権は代々の長子相続を経て現在の王に継承されていると説明して、王の統治を正統化しました。これにたいしてロックは、神はアダム個人にではなく、人類全体に自然をゆだねたのだと唱えました。したがって、人間は人間以下の被造物を利用してよいが、人間という同じ種の成員同士は互いに平等です。すなわち、統治や支配はもともとあるわけではないのです。もともとあったのは、各人が「自然の法の範囲内で自分の行動を律し、自分が適当と思うままに自分の所有物と身体を処理するような完全に自由な状態」[12]でした。これを自然状態と呼びます。ホッブズの自然状態と違って、ロックでは、自然法が最初から働いている点に留意しましょう。

ロックの考えた自然法は、自分の生命の維持のみならず、自他は平等だから他人の生命や健康や自由や所有物を損ねるべきではなく、また自分の所有する生き物すらもそれが神の被造物である以上、その生命よりも大切な目的のためでないかぎり殺すべきではないと教えます。とはいえ、法に背く人間は出てきます。自然状態では、被害者自身が自然法の執行すなわち加害者の処罰を行なうほかなく、またそれが許されます。だが、個人が行なうゆえに、その罰は確実に遂行できるとはかぎらず、罪に比べて重すぎたり軽すぎたりして安定しません。刑罰を実効的で安定したものにするには、確定した内容をもつ実定法が、したがってそれを定める立法、それを執行する司法や行政が必要です。それゆえ、人びとは自分の生命と身体と所有物をいっそう安全に確保するために、自分で自然法を執行する権利を放棄して（つまり自然状態から脱して）、契約によって共同の社会を築きます。これによって統治者と統治される国民とが分かれます。しかし、統治者の権力はもともと個々人の自然法の執行権が委譲されてできたのですから、統治とは、本来、統治される国民の自己統治にほかなりません。国民がその国のあり方を決めるわけです[13]。それでは、すでにできあがった国に生まれてきた者についてはどうでしょうか。ロックは、子どもは親の財産を相続することでその国に帰属すると説明します。逆に、その国の統治に従いたくないなら、相続を放棄すべきです[14]。この考えは、どの国の国民となるか、自分が生まれ育った伝統を継承するかどうかということについても個人が自由に選択できることをあざやかに示しています。

神がアダムに地の支配を命じた話に戻りましょう。神は人類に自然を共有財産として与えました。しかしそれでは、誰も自然の一部を専有してはならないはずです。枝からもいだりんごを、釣った魚を食べてもいけなくなります。それでは、人類は餓死してしまいます。だが、人類を創造した神がそれを望むとしたら不合理でしょう。それゆえ、私的専有が何らかのしかたで正当化されるはずです。ロックはその根拠をこう考えました。身体は必ずその本人が所有している。したがって身体の動きもその本人のものである。まだ誰のものでもない自然の一部を、ひとが自分の身体を動かして獲得するとき、その獲得した自然物に身体の動きというそのひとのものが付加される。いいかえれば、自然物に「労働を混合」[15]する。それによって、獲得された自然物の所有権は労働をしたひとに帰せられる、と。[16]ただし、ロックは所有を制限する二つの保留条件を課しています。第一に、所有物は腐敗する前に自分の生活に役立てること。神はむだにするために人類に自然をゆだねたわけではないからです。第二に、他人も利用できるほど十分に共有物を残しておくこと。神は自然を人類全体に与えたからです。実際には、貨幣の発明により、前者の条件に抵触しない蓄財が可能となり、その財によって地上の資源の私的専有が進むと、後者の条件も脅かされるでしょう。現在、大量消費と資源の枯渇のさなかに生きる私たちはまさにこの事態を目の当たりにしています。しかし、ロックはその可能性を視野に収めていたものの、その可能性は一八世紀にはまだ現実的ではありません。そのかわりにロックは、原生自然に人間の労働が加わることで大きな価値が生まれると強調しています[17]。それは同時に、貧窮は労働によって克服されるという肯定的な見通しを含意しています。

ロックの社会契約論では、法は「究極的には、国民の福祉以外のいかなる他の目的のためにも立案されてはなら[18]」ず、しかも統治される者の自己統治という精神からは、法には国民の意志が反映されるべきですから、不遇な人びとに援助する社会制度の創設を国民がみずから選択する論理的可能性がないわけではありません。しかしながら、生命の維持と身の安全とともに所有の確保を目的とするロックの社会契約論では、国民の同意がなければ国民の所有物に税を課してはならないという方向にこそ力点がおかれます[19]。国家による個人への干渉を必要最小限にとどめるこの考え方は、リベラリズム（自由主義）の源流のひとつです。これまでの説明では財産という意味での所有に焦点をあててきましたが、所有を意味する英語 property は「そのひとに固有なもの」という意味ですから、国家による個人の固有性＝所有にたいする干渉の阻止は、信教の自由、思想信条の自由へと展開していきます。ロックはこの面でも論文「寛容について[20]」によって国王に国民の信ずる宗派を決定する権利はないことを説き、近代社会の誕生に重要な寄与をしています。

それでは、社会的弱者への援助はどのようにして正義の問題となったのでしょうか。ここではその社会変動に立ち入る余裕はありませんので、いくつかの要点を指摘するにとどめましょう。一八－一九世紀にイギリスを先駆けに欧米諸国へ、二〇世紀には日本にも伝播していった技術革新と産業革命によって、社会がかつてないほどに便利で豊かになりました。その反面、大量に工場労働者が生まれ、大都市は過密化し、スラム街が生まれ、衛生環境が悪化し、治安が低下します。労働者は劣悪な労働条件と労働環境のもとで消耗し、消費されていきます。そのことが改善すべき問題となったのは、長期的にみれば産業の発展それ自身にも障害となるというたんに功利的な理由からだけでなく、キリスト教の慈善の観念、さらに本書に言及したロックの社会契約論に代表されるような、統治は統治される者の意志を反映しなくてはならないという思想や、カントの人間の尊厳に観念が象徴するような、すべての人間は平等でたんなる手段にされてはならないという思想があずかりあってのことです。この状況から、イギリスを先例として、救貧対策や労働法の制定、選挙権の拡大などの政策が生まれてきます。さらに二〇世紀初頭に世界恐慌が起きると、市場の失敗によって貧窮に陥る国民を下支えする社会保障が国家の任務のひとつとして認知されるようになります。国民の暮らし向きをよくする経済政策を策定するには、社会全体の幸福の増大をめざす功利主義が有力な基礎理論のひとつとして援用されます。こうして、たとえば、国家のコストの原資である税を国民はどれほど負担すべきか、その税をどのような名目で徴収すべきか、その税を何に使うのかといった問題を、たんに効率からだけでなく、正義という観点から考える、現在あるような状況が生まれてきたわけです。

第12章　註

（1）アリストテレス、『ニコマコス倫理学』1129a（邦訳は、『ニコマコス倫理学』上巻、高田三郎訳、岩波書店、一九七一年、一六九頁）。
（2）同上、1129b（邦訳、同上、一七三頁）。
（3）分配的正義（英語では distributive justice）は配分的正義とも訳されますが、経済学で distribution（分配）と allocation（配分）を訳し分ける慣用から、本書ではこう訳します。匡正的正義の匡正は矯正とも表記されます。
（4）最初の例は『ニコマコス倫理学』1131a（邦訳、前掲、一七九頁）。民主制論者は自由人たることを政治に参加する資格と考え、寡頭制論者は富や出自がそれだと考えます。後の例は1131b（邦訳、一八一－一八二頁）。
（5）同上、1132a（邦訳、一八二頁）。
（6）キケロ、M・T、『義務について』、泉井久之助訳、岩波書店、一九六一年［BC44］、一八頁。
（7）長期にわたる占有、戦利品、法律、協定、契約、抽選が例に挙げられています。
（8）トマス・アクィナス、『神学大全』、第二部第六六問第一二項（『神學大全』18、稲垣良典訳、創文社、一九八五年、五六頁）。
（9）審級とは同一の訴訟を反復して審判する裁判所の序列をいいます。日本の三審制では、たとえば、地裁、高裁、最高裁の順に同一の案件が審議されます。国内の法廷では一貫して国内の法が適用されますが、人間的正義、自然的正義、神的正義では、上位の審級では上位の正義の原理が適用されます。
（10）トマス、前掲、第二部第六六問第七項（邦訳、前掲、二二三頁）。
（11）『創世記』第一巻二八章。
（12）Locke, J., *Two Treatises of Government, the Works of John Locke*, vol. V, Scientia Verlag Aalen, 1963 [1689], pp. 339–340（邦訳は、『統治二論』、加藤節訳、岩波書店、二〇一〇年、二九六頁）。
（13）実際、名誉革命では、議会が国王を廃し、新たな国王を選びました。

(14) Locke, op. cit., p. 452(邦訳、前掲、五二四-五二五頁)。

(15) Ibid., p. 354(邦訳、同上、三二六頁)。

(16) 人間が人間以外の自然物を利用してよいということは、『創世記』では神の命令にもとづく神的正義として、キケロの属したストア哲学なら人間のみが理性をもつことにもとづく自然的正義として肯定されます。もちろん、これを疑うこともできます。しかし、ヘブライやギリシアの伝統に由来するこれらの見解を否定するならば、人間が他の動植物を食べることは殺人に似た所業ではないか、他の動植物の生み出した物を利用するのは強盗に似た所業ではないかということを真剣に考えなおさなくてはいけません。

(17) 「自分自身の労働によって自ら土地を専有する人間は、人類が共有する貯えを減少させるのではなく、むしろ増加させる」(Locke, op. cit., p. 359. 邦訳、前掲、三三〇頁)。

(18) Ibid., p. 423(邦訳、同上、四六五頁)。

(19) 同上。ロックの社会契約論にたいして辛辣な批判を加えたひとにヒュームがいます。ヒュームは論文「原始契約について」("Of the original contract" [1739], in *Philosophical Works*, vol. 3, op. cit., pp. 443-459. 邦訳は、ヒューム、『人性論』、土岐邦夫・小西嘉四郎訳、中央公論社、二〇一〇年に所収)のなかで、人民の同意が統治の神聖な基礎たりうることは論理的に認めながらも、現実には、統治を正統化する社会契約は明示的にはもちろん、暗黙のうちにもかわされたことはないと指摘し、合意によって統治が正統化されていなくても、人民が現行の統治を支持するには、権力が崩壊して内乱が生じるよりは社会が存続するほうが望ましいという理由だけで十分だと主張しています。

(20) Locke, J., "Epistola de tolerantia" [1689], in *the Clarendon Edition of the Works of John Locke*, 2006, Clarendon Press, pp. 423-446(ロック、J、「寛容について」、『世界の名著　ロック　ヒューム』、大槻春彦責任編集、中央公論社、一九六八年に所収)。

第13章 ロールズの正義論

功利主義の目的は明快でただひとつ、社会全体の幸福の増大がそれです。しかし、この目的がつねに優先されるなら、そのために個人の自由や権利が制限される場合が予想されます。しかも、社会全体の幸福が増大したとしても、その幸福が社会の成員のあいだでどのように分けられるべきかという問題を功利主義は主題化しません。

これらの点を批判して、社会契約論を方法にして正義について論じたのがロールズです。ホッブズ、ロック、ルソーのような一七－一八世紀の古典的な社会契約論者は、まだ社会のできていない状態（自然状態）から社会が、なぜ、いかにして生まれたかを説明しました。これにたいして、ロールズが取り組んだのは、どのような原理にのっとって社会を構築したら正義にかなった社会になるだろうかという課題です。しかし、現代では、あらかじめこの正義の原理の内容を教えてくれるような神の教えや自然法や特定の形而上学を前提にすることはできません。では、どのようにしてそれを見出すのか。社会の成員となる人びとが討議して全員で合意できた原理があるとすればそれであろうとロールズは考えます。全員がこれから作られる社会の一員という平等な資格をもつゆえに自由に発言できるというその条件の公正さから、その手続きのもとで採択された結論の正しさが保証されるわけです。その討議と合意がなされる状況を原初状態と呼びます。古典的な社会契約論者は自然状態を歴史的事実でもあると想定しましたが、原初状態は事実の制約を離れて正義にかなった社会を構想するための純粋な思考実験です。

1　原初状態

では、原初状態とはどのような状況を思い浮かべたらよいでしょうか。まず、誰もが欲しいだけのものを入手できる状況ではありません。それほど豊かなら、そのひとにふさわしい取り分を与える正義に思い悩む必要はないでしょう。他方、資源が乏しすぎたら力ずくの奪い合いとなって、正義の出る幕はありません。人びとが自他の取り分を気にせずにいくらでも他人に与えるほど慈愛に満ちていても、やはり正義は顧みられません[1]。したがって、原初状態は豊かすぎもせず乏しすぎもせず、そこにいる人びとは互いに利己的な関係にあるでしょう[2]。ひとはそれぞれ自分がよいと思う人生（これを善の構想と呼びます）を思い描いています。それは多様であり、しかも誰もがその構想を実現するために役立つ資源をなるべく多くほしいと考えます。その点で人びとの合意はすぐにはできません。とはいえ、各人は独力で奮闘するよりは、他の人びとと協働するほうが自分のよいと思う人生を実現しやすいと推論する程度には合理的だと期待してもよいでしょう。自他の取り分に差があるというだけで激昂したりせず、全員が合意したことは遵守する程度の合理性も期待できそうです。合理的であると同時に利己的だからこそ、誰が何をもつのがふさわしいか、社会的協働によって自分はどのような権利が入手でき、また協働を維持するコストとしてどのような義務が自分に課されるのかといった正義の問題が全員の関心を引くわけです。そのうえ、ロールズは、人びとが自分の利益を得るための最も適切な手段を推論する能力という意味の合理性だけでなく、正義感覚ももっていると想定します。そもそも自他の見解を交えて合意を形成しようとするには、相手の見解を自分の見解と同じように尊重すべきだという意識がすでに働いていなくてはなりません。ですから、ここにいう平等はホッブズの考えた能力の平等ではありません。ホッブズの平等では、互いにたいする尊重は期待できません。ロックの考えた同じ種の一員であるゆえの平等でもありません。ロックの平等では、相互の尊重は成り立ちますが、それを導き出すのに世界の創造者としての神を前提とします。ロールズの考えはむしろ、互いをたんなる手段としてはならないとするカントの人格概念を反映しています。ただし、ロールズは第8章に記したカントの形而上学を継承していませんし、互いに利己的という関係はカントの目的の国にはあてはまりません。

　さて、以上の条件で、社会を築くための原理を募ったとしましょう。人びとは利己的なのですから、たとえば、豊かな家に生まれたひとは富裕層に有利な社会を、貧しいひとはそうではない社会を作ろうとするでしょう。それでは全員の合意は成り立ちません。したがって、これから作る社会のなかで、各人が有利や不利になる原因となる諸性質（たとえば、階級、人種、才能、体力、健康、性、家柄、財産など）について、自分がどのような性質をもっているかがわからないように状況を設定しなくてはなりません。この設定を無知のヴェールと呼びます。無知のヴェールがかかると、たとえば、才能の差に応じて職業を割り当てたほうが適材適所で効率的な社会が作れるというような提案は出ないし、出ても合意されないでしょう。そのような原理を選んでいざ社会ができてみたら、自分が才能に劣る層に属していることがわかって魅力を感じない仕事に就かなくてはならないはめに陥るのを恐れるからです。さらにまた、特定の宗教の教える生活を理想と信じて疑わないひとは全員にその信仰を義務づける社会を提案するかもしれません。別の宗教の信者も同様の主張をすれば、合意が形成される見込みは最初からなくなります。ですから、自分がどのような善の構想をもっているかということについても無知のヴェールはかけられます。

2　正義の二原理

すると、人びとは、自分がどんな性質、どんな善の構想をもっているとしても、そのせいで最初から不利になるような原理が採択されるのは避けようとするでしょう。そのかわりに、自分がどんな性質であれ、どんな善の構想をもっているにしても、それを推進するのに役立つもの（これを基本財と呼びます）については、自分も他人と同じ程度にほしいと思うでしょう。基本財には、権利、自由、機会、所得や富といった社会的な財と健康、体力、知能といった自然本性的な財とがありますが[3]、自然本性的な財は人為的に直接に分配することができないので、社会設計における分配的正義の対象になるのは社会的な財です。このうち、職業選択の自由、政治参加への自由（参政権）、思想信条の自由、信仰の自由などいわゆる基本的人権として認められている自由や権利は、どんな生き方をよいと思うのであれ、その善の構想を推進するのに不可欠です。したがって、原初状態の人びとはこれらについて自分と他人とを同じ程度に、したがって全員に平等に分配することで同意するでしょう。すなわち、最初に採択される正義の第一原理は、「各人は平等な基本的諸自由の最も広範な（すなわち互いに両立可能な範囲で最大限の）制度的枠組みにたいする対等な権利を保持すべきである」[4]。これを平等な自由の原理と呼びます。

それなら、所得や富も全員に平等に分配したらどうでしょうか。だがそうすると、自分の才能をどれほど発揮し、どれほど努力しても同じ結果しか獲得できません。それでは、能力を磨いて努力する動機づけが失われます。多くのひとに役立つ発明をしたひとにそれだけの見返りがないなら、発明の才の有無にかかわらず平等かもしれませんが、そもそも発明が行なわれず、誰もその恩恵に浴しないままとなります。あるいはまた、社会のなかで権威を帯び、指導的な役割を果たす職務について全員が回り持ちで勤めたら、その能力に欠けるひとがその重責を担ったときに社会の構成員全員に不利益が生じるでしょう。こうした事態を避けるには、原初状態の人びとは何をしても平等な取り分になるのではなくて、社会的・経済的地位の差、不平等があるほうがよいと認めるはずです。すると、人びとは利己的なのですから、社会的・経済的に優れた地位をめざして競争するでしょう。その結果、その地位を得るのにふさわしいひとがその地位を勝ちとることとなるでしょう。

それでは、不平等が正義にかなっているといえるのはどのような条件においてでしょうか。まず単純に、努力して能力を発揮したひとにそれにふさわしい地位が与えられるとしてみましょう（自然本性的な自由の体系）。だが、そのひとが能力を伸ばすことができたのは、恵まれた家に生まれたためもあるかもしれません。潜在的に同等の、いやそれ以上の能力をもつひとでも、生まれによって能力を発揮できない可能性もあるでしょう。恵まれた環境に生まれるのは本人にそれだけの値打ちがあったからではなく、たんなる運です。運に左右されては、正義にかなった分配とはいえません。それゆえ、社会的・経済的に有利な地位に就く機会は本人の努力と能力しだいで誰にでも開かれているようにすべきです（リベラルな平等）。それでも依然として、生来の才能の多寡という運が個々人の達成を左右します。しかし、「より卓越した生来の能力をもつに値する者は誰ひとりいないし、より恵まれた社会生活のスタート地点を占めるに値する者もいない(5)」。だとすれば、有利な地位にあるひとには、恵まれない人びとを助ける責務があるはずです。古来いわれてきたノブレス・オブリージュの精神です（自然本性的な貴族制）。とはいえ、その責務の遂行が個人の善意にゆだねられているかぎりは安定した効果を発揮できません。それゆえ、不遇な状況にあるひとがその状況を改善する見込みをもてるようにするために、有利な地位のひとが獲得した財の一部を利用するしくみが社会制度のなかに組み込まれるべきです（民主主義的な平等）。以上の考察から、民主主義的な平等が最も正義にかなっています。

したがって、平等な分配を定めた正義の第一原理にたいして、不平等な分配を定める正義の第二原理はこうなります。「社会的・経済的な不平等は次の二条件を充たすように編成されなければならない――（a）そうした不平等が最も不遇な人びとの期待便益を最大に高めること、かつ（b）公正な機会均等という条件のもとで全員に開かれている地位や職務に付随すること」[6]。前者を格差原理、後者を公正な機会均等の原理と呼びます。

第一原理と第二原理は辞書的な順序にあります。すなわち第一原理がまず達成されていなくてはなりません。第一原理は、誰もが社会全体の、より正確には他の誰かの利益を増大するためのたんなる手段にされることを防いでいます。第二原理は、努力して能力を発揮したひとはそうではないひとよりも多くを得ることを正当化します。その一方で、そこには本人の努力や能力を超えた幸運が働いてもいるので、その得たものを本人自身のためだけに使うべきではないことが示唆されています。本人の努力と能力では制御できない不運によって――いくら生来の能力に恵まれていてまじめに努力しても病気や事故や自然災害に襲われるかもしれません――不遇な状況に陥ったひとを支えるセーフティネットや教育や職業訓練を通してやり直しを助けるしくみを作るための財が格差原理によって確保されます。無知のヴェールのもとでは、誰もが自分が不遇な状況に陥る可能性を考え、格差原理に賛同します。こうして第一原理は平等な分配を指示し、第二原理の公正な機会均等の原理は（アリストテレス以来の）功績に応じた分配を基本とし、第二原理の格差原理は（とくに一九世紀以降に成立した福祉国家で顧慮されるようになった）必要に応じた分配を可能にします。格差原理の際立った意義はロールズの次のことばに現われています。

最も不遇な人びとの自由の真価を最大化することこそが、社会正義の目的を明確に示してくれる。(7)

3 互いに対等な市民であること

原初状態で正義の二原理が採択されたら、人びとはそれにもとづく憲法を制定し、さらにそのもとで法律や制度を編成して現実の社会を築き始めるでしょう。ところが、現実の社会に移行するとは、無知のヴェールが引き上げられることにほかなりません。人びとは現実の社会のなかで有利に働くどのような諸性質をどれほど自分がもっていて、自分がどんな生き方をよしとしているかを知ってしまいます。すると、せっかくできあがった法や制度を自分の利益のために無視したり、それどころか覆そうとしたりしないでしょうか。正義を守ることは依然としてそのひと自身にとってよいことでありつづけるでしょうか。

この問いは、一見、プラトンでいえばギュゲスの指輪の問題、ホッブズでいえば合理的な利己主義者の問題に似ています。しかし、ロールズの想定する人びとはまったくの利己主義者ではなく、正義の感覚を備えている点で違います。とはいえ、やはり互いに利己的ではあるのですから、社会的・経済的に有利な地位についたひとが格差原理を含んだ正義の二原理にもとづいて設計された社会を否定的にみないだろうかという問題は残ります。

ロールズがまず指摘するのは、そのひとが能力と努力によって得た利益は、その達成に応じて利益を分配する安定した社会のしくみがあってのことだということです。財の分配というこの点ですでに、そのひとはそのような社会を支持すべき理由があります。しかしまた、ロールズは正義にかなった社会を擁護する理由をさらに深い次元で探究しました。「私たちの目的に向かう努力が仲間によって正当に評価されないならば、そのような努力には価値があるという確信を私たちが維持することは不可能である」(8)。各人が追求する生き方、善の構想はたんに当人がよいと思っているからよいのではなく、社会の他の成員による承認に支えられることで当人にとってよいものでありつづけるというわけです。各人が自分なりの善の構想を思い描くには思想信条の自由が必要であり、また表現の自由も不可欠であり、同じ構想を共有する人びとと助け合ったり切磋琢磨《せっさたくま》したりするには結社の自由が必要です。これらは、社会的・経済的な地位に関わる第二原理ではなくて、第一原理によって分配される基本的自由です。ここでロールズの正義論のなかで最も大切にされていることがみえてくるでしょう。私が私のよいと思う生き方を追求する自由がそれです。だがその自由は、私が私だからというので認められることはありえず、他のひとにも同等の自由を認めることで――つまり、互いに対等な市民であると認め合うことで――承認されるものです。自他の人格をたんなる手段としてみなしてはならないというカントの人格概念がここに継承されています。第8章に記したように、この考え方は自分自身への尊敬につながります。ロールズはこう要約します。「正義にかなった社会における自尊の基礎は、当人の所得上の取り分ではなく、基本的な権利および自由の公共的に確証・肯定された分配におかれる(9)」。したがって、格差原理の目的がたんなる物質的な援助にとどまらないこともいうまでもありません。それは、もしかすると自分の人生は失敗だと思いつめてしまうかもしれない危険な状況にあるひとに、自分は社会の一員として生きていく値打ちがあるという確証、自尊をもちつづけられるようにする支えのためにあるのです。

善の構想は多様です。私は私のとは違う構想を否定するわけではありません。私がよいと思う生き方はいくつか思い描けて、しかしかぎられた一生のなかでそのひとつを選ぶほかありません。それを思えば、他人は有利な地位を競い合う相手とは違う姿でみえてきます。「私たちは他者が行なうことを、私たちが行ないえたかもしれないが彼らが代行してくれたことだと理解・感謝し、そして同様に私たちが行なうことが他者の代行に相当する(10)」。ぎすぎすした日常のなかでなかなかそうは考えないかもしれません。しかし、「実社会を原初状態から眺めることによって(11)」こうした市民間の友愛が醸成される可能性をロールズは指摘しています。友愛は正義とは異質です。正義と善意とは二つの異なる規範のグループに属していると前章に述べました。しかしロールズは、無知のヴェールによる思考実験を通して、互いに利己的な人びとのあいだに確立された正義は善意によって動機づけられた他者への援助が生み出すのと同じ結果を作り出すと展望しているわけです。

以上みてきたように、ロールズの思想のなかには、社会契約論、カントの人格概念、さらにミルの重視した個性の多様性などこれまで述べてきたさまざまな考えが受け継がれています(12)。その思想は、国家や社会がその成員に特定の善の構想を押しつけずに、個々人が善の構想を追求する権利を各人に平等に認める正義を重視する点で「善にたいする正の優先」という特徴で性格づけられるリベラリズムの系譜に属しています。なお、政治的な分類でいえば、ロールズの考え方は社会的弱者への配慮が重視されている点で、リベラリズムのなかでも、通常、リベラルと呼ばれる陣営に組み入れられます。

第13章　註

（1）正義が問われる状況をこのように描いたのはヒュームでした（Hume, D., "Concerning the Principles of Moral"［1751］in *Philosophical Works*, T. H. Green and T. H. Grose（eds.）, vol.4, Scientia Verlag Aalen, 1992, pp. 179–183（邦訳は、『道徳原理の研究』、渡部峻明、哲書房、一九九三年、一九－二五頁）。

（2）ただし、ロールズは個人だけでなく、集団の内部では成員同士が互いに利己的でなく、他の集団とは互いに利己的な関係にある集団（たとえば家族）をひとつの単位として考えます。したがって、社会契約の当事者たちは一家の長として想定されます（Rawls, J., *A Theory of Justice*, revised edition, Harvard University Press, 1999, p. 111. 邦訳は、『正義論 改訂版』［初版 1971、改訂版 1999］、川本隆史・福間聡・神島裕子訳、紀伊國屋書店、二〇一〇年、一七三頁）。

（3）Ibid., p. 54（邦訳、同上、八六頁）。

（4）Ibid., p. 53（邦訳、同上、八四頁）。

（5）Ibid., p. 87（邦訳、同上、一三七頁）。

（6）Ibid., p. 72（邦訳、同上、一一四頁）。

（7）Ibid., p. 179（邦訳、同上、二七八頁）。

（8）Ibid., p. 387（邦訳、同上、五七九頁）。
（9）Ibid., p. 477（邦訳、同上、七一四頁）。
（10）Ibid., p. 495（邦訳、同上、七四三頁）。
（11）Ibid., p. 454（邦訳、同上、六七八頁）。
（12）人間は自分の能力を開花させることを喜ぶというアリストテレスの考え方（第16章参照）も、ロールズは受け継いでいます。ただし、このように相異なる複数の思想をとりいれているということは、その思想の重要な要素を捨象したり変容したりしているのではないか、それらの思想はもともとの文脈では両立しないのではないかという疑問を呼び起こします。たとえば、第15章に紹介するサンデルも指摘していることですが、註（1）に記したヒュームのいう正義の状況から出発し、カントの目的の国を連想させる結論にいたる道筋は、ロールズの論証が力強いにもかかわらず、なお検討の余地を残しています。

第14章 リバタリアニズムの正義論

ある理論のなかでそれがなければその理論ではなくなるような核となる考えは、当然、その理論の支持者に高く評価されますが、他方、その理論の反対者が批判を向ける標的でもあります。ロールズの正義論のなかで、格差原理はそのような考えのひとつです。

前章の末尾にロールズの考え方は、政治的な分類では、リベラリズムのなかのリベラルに属すと申しました。しかし、ロックのくだりで述べたように、もともとリベラリズムは国家による個人の自由への干渉を必要最小限に制限する思想です。国家による私有財産からの徴収、すなわち税についても同様に考えます。そこから社会的弱者を支える福祉を充実させようとする姿勢が帰結するとはかぎりません。リベラリズムのこの古典的な立場を現代に復活させる主張をリバタリアニズム（自由尊重主義、自由至上主義）といいます。本章では、ノージックのロールズ批判を通してその考え方をみていきましょう。

1　権原理論

ひとつの社会を築き、互いに協働していくほうが、才能の有無にかかわらず、誰にも有利です。自分が才能に乏しいと思う場合にとくに、格差原理は社会的協働を魅力的にするでしょう。これらの点をノージックも認めます。だが、格差原理は「才能に恵まれない人びとがそれを基礎として他の人びとの自発的協働を期待しうるような公正な合意だろうか。(中略)格差原理は、才能に恵まれた者と恵まれない者とのあいだで中立的ではない[1]」。ここにノージックの疑念はあります。格差原理は才能に恵まれない者にいっそう有利だから、恵まれた者はそれを進んで支持できず、強制されるにすぎないというわけです。

例を用いてその趣意を説明しましょう。二二人からなるサッカー・チームT_0があります。現実離れした想定ですが、メンバーのN_1選手からN_{22}選手までサッカー選手としての能力の優劣をこの順で格づけできるとしましょう。チームの平均的能力は選手N_{11}と選手N_{12}の中間にあたります。全員に均等に出場機会が与えられたときのチームの勝率は五割で、選手の報酬と名誉は勝率に大きく影響されるとします。今度は、N_1からN_{11}までからなるチームT_1とN_{12}からN_{22}までからなるチームT_2を編成してみます。チームの平均的能力はT_1では選手N_6、T_2では選手N_{17}の能力に相当するはずで、勝率はT_1が六割、T_2は四割となったとしましょう。この例が鮮やかに示すように、T_2に所属する選手はその実力は変わらぬもののT$_0$に所属しているだけでより大きな報酬と名誉を期待できますが、T$_1$に所属する選手についてはその逆です。だとすれば、能力に乏しい人びとは能力に恵まれた人びとと協働することですでに利益を得ているのに、格差原理は後者に前者にたいするそれ以上の援助を義務づけている――ノージックが疑念を抱いたのはここでした。現実のサッカー・チームでたとえれば、平凡な選手は優れた選手と同じチームに属すことでより多くの勝利を体験できるほか、技能や生活態度を学ぶことでも得しているのに、そのうえ優れた選手から指導を受ける権利まで要求することが適切だろうかという問いです。

この問いが不問に付されるのは、社会全体の財（例でいえばチームの成績）に誰がどれほど寄与したかが無視されているからです。ノージックの表現では、ロールズは財を天から降るマンナのように扱っており、それが分けられた結果がどうであるかに注視します(2)。これにたいしてノージックは、あくまで「天からマンナの来ない世界(3)」で正義にかなった分配を考えるには、財が誰によって作られ、その財が誰のもとにどのようにして分けられたかの歴史に注視しなくてはならないと主張します。これを権原理論と呼びます。権原とは、権利があるひとに帰せられる根拠となるそのひとの資格を意味します。

ロールズの原初状態で「誰がどれほど」を確定できないのは無知のヴェールがかかっているからです。無知のヴェールが採用されたのは、各人が自分の他人より優れている性質に固執しないようにするためでした。その性質は生来の才能や生まれ育った環境に由来しており、それゆえ、本人の値打ちに応じてではなく、たんに運によって与えられたのだから、格差原理が擁護され、いわば「生来の才能の分配・分布を、ある点では、集合的な資産とみなす[4]」ことが正当化されたわけです。したがって、ノージックは運や生来の才能についてロールズとは相反する見解をもっています。すなわち、生来の才能はたしかに本人が努力してそれを手に入れるだけの値打ちがあることを示して手に入れたものではないにせよ、しかし、他の誰からも強奪したり詐取したりしたのではない以上、やはりそのひとのものである。だから、その才能を自分のものとし、それを活用する権利はそのひとだけにある。それゆえ、そのひとがその所有する才能を活用することによって獲得したものもそのひとのものとなる、と[5]。だとすれば、各人の生来の才能は社会の成員の共有財産ではなく、個々人がそれを活用して得た財を本人以外の者の利益のために利用する格差原理の施行は国民の支持が得られない税の強制的な徴収に似た施策となります。

2　正義の三原理

それでは、権原理論からみた正義にかなった財の分配とはどのようなものでしょうか。

まず、ロックの労働所有論にいう原始取得が出発点です。すなわち、まだ誰のものでもない物をあるひとが労働によって獲得したなら、その物はそのひとの所有物になります（獲得原理）。ついで、ひとが自分の所有物を他のひととの合意のうえで他のひとの所有物と交換するなら、交換された物の所有権は相手方に移り、あるいはまた、他のひとに自発的に自分の所有物を与えたら、その贈った物の所有権は相手方に移ります（移転原理）。しかし、この二つの原理に反して物が人手に渡る場合があります。強奪、窃盗、詐取などが行なわれた場合がそれです。その不正は正されなくてはなりません（匡正《きょうせい》原理）。以上の三つの原理が、ノージックの考える権原理論における正義にかなった分配の原理です。これだけで統制される社会は、ロールズの斥けた自然本性的自由の体系となるでしょう。

移転原理がいう自発的な交換が行なわれる場が市場です。市場はたんに生きるのに必要な物資を調達するための場というよりも、個々人が自分のよいと思う生き方を実現するのに役立つ物が得られる場であり、それゆえ、各人の価値観が表明される場です。より多くのひとが参加して市場がより大きくなれば、多種多様な善の構想が実現しやすくなるでしょう。その交換の正統性[6]を保証するのは双方の自発的な意志決定だけです。したがって、権原理論における分配的正義とは、「各人からはその選択に応じて、各人へは、［他人から］選択を受けるに応じて[7]」分配がなされることだと要約することができます。リバタリアニズムは自発的な交換の場という意味で市場を最も優れた分配システムと考えるのです。

3　ふたたび、正義と善について

それでは、社会的弱者への援助はどうなるのでしょうか。権原理論からすれば、それは国家の役割ではありません。ところが、ノージックはその見解を明言した箇所に註をつけています。誰かがささやいているかのように括弧でくくった文で始まる興味深い註です。

> 「しかし、正義は思いやりによって和らげられるべきではないか」。国家の銃によってではなく。私人たちが他人を助けるために資源を移転することを選ぶなら、これは権原的正義概念のなかに収まるのである。(8)

あたかも、『ヴェニスの商人』のなかで裁判官に扮したポーシャがシャイロックを諭す台詞、「慈悲が正義を和らげるときだ」(9)を思い出させることばです。けれども、権原理論の正義概念の枠内には、他人を援助する寄付行為を実行する善意を喚起する契機はありません。

ロールズもまた慈愛や善意に訴えているわけではありません。だが彼は、前章にみたように、善意にもとづく援助と同様の結果を惹起すると予想される正義論を展開しました。そのための装置が無知のヴェールであり、正義の第二原理、とくに格差原理だったわけです。それによって、彼は異なる規範のグループに属す正義から善意へいたる橋を架け渡しました。これにたいしてノージックは、ふたたび正義と善のグループのあいだに一線を引いたといえましょう。いいかえれば、ロールズは正義を主題としつつも人間の生活に関わるさまざまな規範を包括する理論を構築しているのにたいして、ノージックが焦点をあてているのはもっぱら分配的正義でしかありません。とはいえ、分配的正義がまさにロールズの主題であるからこそ、ノージックの批判はロールズの根幹に向けられています。(10)

ロールズもノージックもその概念を使って議論しているわけではありませんが、第12章に言及した審級という概念を使って、ここでは次のような解釈を示しておきます。ノージックの主張は、人間同士のあいだに成り立つ正義、すなわち人間的正義では、人間の手によって作られたものを分配するのだから、その財を産出したのは誰か、その財は誰の所有かをつねに確定しなくてはならないというふうに解釈できます。彼は審級をこの厳格に規定された人間的正義に限定します[11]。これにたいしてロールズは、生来の才能や生まれ育った環境は本人の値打ちに応じたものではないゆえにその分配は道徳的に恣意的だと評価します。運を道徳的観点から評価するこの見方によって、ロールズは、人間の手によって分けられないものについての正義を語る別の審級に立ち入っているようにみえます。だからといって、もちろん、ロールズが神的正義とか自然的正義といった超経験的な概念に訴えているというわけではありません。そのかわりに彼は、人間の手のおよばない次元で生じた恣意性を是正する解決策を人間的正義の次元にもちこみます。すなわち、人間の手によって作られたものを人間の手によって分ける彼の正義の二原理、とりわけ第二原理がその解決策です。しかしながら、あるひとの達成が本人の努力と能力だけによるのではなくて運に左右されるということが真実であるにせよ、かつまた、その指摘が私たちの驕慢《きょうまん》を控えさせ、どれほど心を打つにせよ、その達成された成果のなかでそのひとの努力および能力が寄与してできた分とそのひとの幸運が寄与してできた分とを見分けることができるでしょうか。私たちは両者についての正しい分配の観点をもっていません。もし、正義、とくに分配的正義という概念が適切な取り分をきっちりと確定する規準を含んでいなくてはならないとするならば、運の問題を正義の次元にもちこむ議論はそこに弱点をもつように思われます。ノージックもまた、偶然による不運の是正が望ましいことを否定しているわけではありません。ただ彼は、もしそれが行なわれるなら、正義の問題としてではなくて、善意や慈愛という別の範疇《はんちゅう》の規範によって説明されるべきだと指摘するのです。(12)

第14章　註

(1) ノージック、R、『アナーキー・国家・ユートピア』、嶋津格訳、木鐸社、一九九六年［1974］、三二一頁。

(2) 同上、三三一頁。マンナはモーセに率いられてエジプトから脱出したイスラエルびとに神が天から降らせたパンのことです（『出エジプト記』第一六章）。

(3) 同上、三六三頁。

(4) Rawls, *A Theory of Justice*, revised version, Harvard University Press, 1999, p. 156（邦訳、『正義論 改訂版』［初版 1971、改訂版 1999］、川本隆史・福間聡・神島裕子、紀伊國屋書店、二〇一〇年、二四三頁）。

(5) 「人びとの自然資産が道徳的観点からして恣意的であるか否かにかかわらず、人びとにはそれらおよびそれらから流れ出るものにたいする権原がある」（ノージック、前掲、三七三頁）。

(6) 中身の正しさ（たとえば、その交換がほんとうに双方のためになっていること）を表わす正当性にたいして、手続きの正しさを正統性と表現します。

(7) ノージック、前掲、二七一頁。（［ ］は訳者による）。

(8) 同上、第二部七章註（48）、五四八頁。

(9) シェイクスピア、『ヴェニスの商人』、第四幕第一場一九三行。ちなみに、シェイクスピアの原文は“…mercy seasons justice…”で、ノージックの原文は“But isn't justice to be tempered with compassion?”です。

(10) とりあげている論点が一部にかぎり、しかしその論点が根幹に関わるものであることをノージック自身も注記しています（ノージック、前掲、三七九頁）。

(11) ノージック自身は人間と人間以外のものとのあいだの正義を問う審級に関わる問いをしばしば提起しています（同上、七二頁以下）。また、ロックの労働所有論についても、「私が所有するトマトジュースを海に注いで、海水にジュースを混ぜたら、海を所有することになるのか、それともジュースを失ったことになるのか」「所有権が、自然物にそのひとの労働が加えた価値増加分だけでなく、自然物全体に及ぶのはなぜか」といった彼らしい卓抜で犀利《さいり》な問いを展開しています（同上、二九三頁以下）。

(12) ロールズとノージックその他の著者たちとのあいだの論争について、ロールズの視点から簡潔に解説している文献として、川本隆史、『ロールズ――正義の原理』、講談社、一九九七年があります。

第15章 共同体主義によるリベラリズム批判

前章では、格差原理をめぐるノージックのロールズ批判を参照しました。とはいえ、両者はともに広い意味でのリベラリズムに属します。というのもいずれも、社会は個人の安全と利益のために形成されるとする社会契約論から出発し、善にたいして正を優先する発想（第13章末尾）を共有するからです。この発想に異議を唱えるのが共同体主義です。

カントにたいするヘーゲルの反論を思い出させるように、近代自由主義への共同体主義者からの批判は、善にたいする正の優先への要求や、それが具体化している、自由に選択する個人という像を疑問視している。アリストテレスに従った彼らの議論では、共通の企図や目的に言及せずには、われわれは、政治的調整を正当化できず、市民としての、共同生活への参与者としての、自らの役割に言及せずには、自らの人格性を構想できない[1]。

アリストテレスは第16章、ヘーゲルは第17章でふれることとして、まずはこのサンデルのロールズ批判を糸口にして共同体主義の考え方をみてみましょう。

1　正義が最優先課題ではない領域もある

正義が要請されるのは、人びとが互いに利己的で自分にふさわしい取り分を要求するからです。でも、はたして人間社会のどの領域でも、正義は最も重要な規範でしょうか。たとえば、買ってきたケーキを「これは私の給料で買ったものだ」と主張して、子どもに分けずに自分で全部食べてしまう父親は（各人はその功績に応じた取り分を与えられるべきだとする分配的正義からすると、その主張はもっともだとしても）めったにいません。通常、親は子どものためにも支出します。しかも、支出額は他の子どもと比較したその子のできのよさに比例しているわけでもありません。サンデルによれば、「何を得、何を当然得るかの問題が、この生き方の全般的文脈のなかでは、たんに比重が大きくない[2]」からです。より重要なのは、その子のため、その子にとっての善への配慮です。家庭や友人関係のように、正義が最優先されるわけではない領域はたしかにあります。

だが、それを指摘するだけなら、家庭がどれほど社会において重要だとしても、家庭を特例とする反論で応じられるでしょう。実際、ロールズは、第13章註（2）に記したように、正義が適用されない集団の存在を認めています。そこでロールズ批判は、善よりも正が優先されるその発想の根幹に向かいます。今一度、原初状態の思考実験に立ち戻りましょう。

2　負荷なき自我

誰もが自分が生まれ育ち、生きてきた特定の状況のなかで積み重ねてきた特定の経験を通してそのひとなりの価値観を培っています。ところが、各人が自分はこう生きたいという考え（善の構想）に固執するなら、合意は成立しません。だから、正義の原理について討議して合意する原初状態では無知のヴェールがかけられます。もっとも、社会のあり方について何の考えももっていないならそもそも討議ができなくなりますから、無知のヴェールは社会や人間心理に関する一般的な知識は隠しません。それゆえ、原初状態の人間はある選択肢について賛否をいえるわけです。しかし、自分の性質や自分が抱いている善の構想は無知のヴェールのもとでわからなくなります。いいかえれば、数ある選択肢のなかからあれでなくこれを選ぶように後押しする自分の人生観や価値観の重みが消え去ります。サンデルはこの自我を「負荷なき自我」[3]と呼びました。

本人の人生観や価値観といった中身のある同一性が失われているとすれば、そのひとはどういう意味で同一のそのひとだといえるのでしょうか。どんな選択であれ、そのひとがその考えをもつことでそのひとの考えとなるというふうに、選んだ中身とは独立にそのひとの同一性が前提されているというほかありません。サンデルはこの自我を「所有の主体」[4]と呼びました。実際、自分はこれまでの自分の生き方や価値観からすら自由だというこの考えは、リベラリズムが唱道した近代の個人の自由となじみやすい考え方です。というのも、第12章3にふれたように、人間がその生まれ育った文化や伝統からも自由であり、いいかえれば、自分の人生をリセットでき、新たな人生や新たな文化の創造に着手できるところにまさに近代の人間の自由が表明されているからです。

しかし、「あなたはどのような人間か」と問われたとき、私たちはたんに選択する主体だと答えるわけにはいきません。誰もが等しくそうだからです。むしろ、私たちは自分の価値観や人生の目的をもちだして「自分はこういう人間である」と説明するでしょう。もつもの、所有物なら、原則的に捨てたりとりかえたりできますが、「である」という表現には、そのひとが自分の価値観や善の構想と一体化していることが示されています。その証拠に、もしも、長年追求してきた目的が失われたり、自分が奉じてきた価値観が顚倒《てんとう》するような経験をしたりすれば、自己疎外に陥るでしょう。奇妙な話ですが、絶望して生き残っている今の私よりも、私の手から滑り落ちてしまって取り戻せない人生のほうがいっそう私らしく感じられるわけです。このように善の構想や価値観という内容のある同一性こそが本人と本人の人生にとって重要な意義をもつとすれば、原理的に何でも選択できる負荷なき自我は虚構というほかありません。

さて、その価値観や善の構想は、そのひとがそのなかで生まれ育った共同体の価値観に（反発も含めて）影響されて形成されるものです。「他のものが私を作り出し、さまざまなしかたで、私を、つまり、私の人格を作り続けている」[5]。だとすれば、私の同一性は私の属している共同体の同一性を不可欠の構成要素として成り立ちます。家庭や学校やサークルやクラブや同好会などの自主的に加入する組織や勤務先や地域のなかで課せられた自分の役割を果たすことがそのひとを作っていくわけです。そのように受けとめることができれば、共同体の他の成員は、社会契約論が描くような私の利益のために契約を結ぶ相手であるにとどまらず、その共同体の価値観や目的を共有する仲間として把握されるでしょう。したがって、「「私の」資産や人生の見通しが、共通の努力のために役立つように求められるさい、このことを他者の目的のために用いられる場合としてではなく、自らのものとみなす共同体の企図に貢献するしかたとして、私が経験するようになる」(6)。

だが、第13章**3**にみたように、ロールズでもそうした友愛に近づく道筋は示されていたのではないでしょうか。けれども、互いに利己的なばらばらな個人という社会契約論の前提を支持するなら、ロールズの主張するほどに、友愛が手近にあるかは疑問ですし、逆に、共同体主義者のように、同じ共同体の成員同士の濃密な連帯感を真実として認めるなら、ロールズの出発点である個人や社会の描き方は抽象的にすぎるのです。

3　物語としての生

共同体主義は、人間が特定の共同体のなかで価値観を身につけ、自分なりの善の構想を思い描くようになる過程を注視します。その見方は行為や人生の見方にも相関します。実存主義者サルトルは、自分が今ここで下す決断の自由を強調しました。あるいはまた、分析哲学であれば、明晰な説明を求めて行為を短いタイムスパンに切り取って分析する傾向があります。共同体主義を代表するひとりであるマッキンタイアはこうした理解に反論します。彼が挙げた卓抜な例を参照しましょう[7]。バス停に立っているあなたにひとりの青年が近づいてきて「野生の鴨の学名はヒストリオニクス・ヒストリオニクスです」とつぶやいたとします。あなたはわけがわからず、その青年を狂人と思うかもしれません。しかし、ひょっとすると、青年は、昨日、図書館で彼に鴨の学名を尋ねたひととあなたを見間違えたのかもしれません。それとも、その内気を治すためにセラピストから「誰でもいいから、思いついたことを話しかけてみなさい」と勧められたのかもしれません。それどころか、青年は某国のスパイであなたを仲間と間違えて合い言葉を告げたという可能性もないではありません。単一の行為は、このように前後の脈絡のなかにおかれないかぎり、意味がとれません。

人生もまたそうです。個々のエピソードはもちろん、重大な方向転換でさえもそれまで歩んできた人生行路を背景としてはじめて意味がとれます。人生は筋をもった物語です。物語の作者はあなたです。けれども、あなたの親やあなたをとりまいている人物やあなたが生まれ育った状況の影響力を考えると、あなたの人生に関わる人びともあなたの人生を形作っている共著者です[8]。あなたはその共著者のなかで最も重要な作者ではあれ、ひとりで舞台をお膳立てして何もかもを作り出すまったくの独創的な作者の地位にはありません。この理解が負荷なき自我という観念と対極をなすことは明らかです。

4　補説　共同体主義とリバタリアニズムとの政治における奇妙な融合

倫理学はそれぞれの倫理理論の論理的に整合的な説明を求めます。しかし、政治的・社会的現実にあっては、理論上は相容れないものが融合する場合がありえます。共同体主義は、市場原理に立脚し、それゆえ経済のグローバリゼーションを許容しやすいリバタリアニズムと、その根幹で相容れません。実際、共同体主義は、「資本の移動や急激な産業構造の変化による破壊的影響から、共同体を保護するため(9)」に工場の閉鎖を調整する法律を支持するというふうに、地域の産業を守る立場をとる傾向にあります。

ところが、経済面では規制緩和を推進するリバタリアニズム的主張と、社会面では文化的伝統を尊重する共同体主義的主張とが、政治の場面では融合する状況がとくに一九八〇年代以後しばしば起きています。なぜでしょうか。ありうる説明のひとつは、地球規模の市場における競争に身をすり減らす分だけ、家庭や地域に居場所を見出したいという気持ちが働くというものです。リバタリアニズムの描く市場は第13章**2**に紹介した自然本性的な自由の体系です。恵まれた環境に生まれたなら、それだけ自然本性的な自由の体系では有利な地位にあります。そのひとはまた、自分が有利となるその環境を生みだし、かつまた今も維持してくれている点で伝統を肯定するでしょう。こうしたひとが経済面ではリバタリアニズム、社会面では共同体主義を支持することはありそうです。これにたいして、今、その国で厳しい状況にあるひとはそう考える動機を共有しません。そのひとは、国外の労働者やより厳しい状況にある国から職を求めて移住してきた労働者と低賃金の職を争っているからです。しかし、このひとはまさにそのためにそのライバルと自分との違いを自分はもともとこの国家や人種の一員だということに求めるかもしれません。しかも、その厳しい労働環境をもたらした経済のグローバリゼーションを抵抗できない所与とみなしたり、新たな雇用の口がみつかるという希望からむしろ歓迎しさえしたりするかもしれません。だとすれば、そのひとはその国の現状のなかで恵まれた状況にあるひとと同様の態度をとるでしょう。こうして経済においてはリバタリアニズム、伝統にたいしては共同体主義を支持する事態が出現します。このように理論上は相容れない理論が社会的・心理的文脈のなかで融合するとき、そのそれぞれに補完的な役割が求められるために、それぞれの特色が先鋭化して結びつく傾向が強まります。今の事例では、雇用について本人の自己責任だけを強調する主張と排外的な愛国主義との結びつきがそれです。

もちろん、第14章に示したように、リバタリアニズムは社会の他の成員への善意を排除するものでもありませんし、本章に示したように、共同体主義はつねに偏狭な排外主義になるというわけではありません。ですから、それぞれの倫理理論についてその論理構成を理解することが大切です。それによって異質な理論の融合をさめた目で見なおして、それが政治運動として先鋭化した場合の欠陥や危険性を事前に察知することができるはずだからです。

第15章　註

（1）サンデル、マイケル・J、『自由主義と正義の限界 第二版』、菊池理夫訳、三嶺書房、一九九九年〔初版 1982、第二版 1998〕、一八頁。
（2）同上、九三頁。
（3）同上、九頁。
（4）同上、一二六頁。
（5）同上、二七二頁。
（6）同上。
（7）マッキンタイア、A、『美徳なき時代』、篠崎榮訳、みすず書房、一九九三年〔1981〕、二五七頁。
（8）同上、二五一－二五二頁。
（9）サンデル、前掲、二一頁。

第16章 共同体主義の系譜をさかのぼる（一）
——アリストテレス

前章冒頭の引用にあるように、共同体主義の源流のひとつはアリストテレスです。彼の正義概念は第12章に述べましたが、本章では徳にもとづく倫理理論に焦点をあてます。

1　幸福——人間が政治的動物であること

私たちが行為するのは何かを実現するためです。その何かが別の何かを実現するための手段である場合もありますが、手段－目的の系列をたどっていけばいずれは究極の目的に行き着くはずです。アリストテレスはその究極の目的に幸福を挙げました。ただし、ホッブズが万人の万人にたいする戦いについて、カントが傾向性について語った文脈から連想されるような私ひとりの幸福が念頭におかれているわけではありません。アリストテレスのいう究極的な善とは、私だけでなく家族や友人や、それどころか同じ国に住む人びとをも考慮に入れたものです。なぜなら、人間はその自然本性からして共同生活を営む政治的動物だから、たんに自分ひとりだけの幸福では真に幸福とは思えないからです。[1]けれども、誰もがそのつどその行為の目的の実現を望んでおり、したがってそれを善と思っているとしても、それがいつでも自他の幸福につうじる究極的な意味での善だとはかぎらないでしょう。それでは、どのようにふるまうのがほんとうに善であるのか。アリストテレスはこう答えます。それは「善きひとにでなければ明らかでない[2]」、と。これはまた、しかし、いささかめまいのするような答えではありませんか。指摘どおりであれば、善をなすには善いひとでなくてはいけませんが、だが、善いひととなるには善をなすほかありません。ひょっとしてアリストテレスは循環に陥っているのではないか。検討しましょう。

2　習性と徳

本人が無意識のうちにしたことがたまたま善である場合がありえます。他人に命じられたからそうしたという場合でも、行為者本人はその行為の正しさを意識していないかもしれません。法が命じているからそうしたという場合には、行為者はそれが正しい行為だと意識はしていても実際には罰を恐れてそうしただけなら、「そうしたことがらそれ自身のゆえになしているのではない[3]」わけです。以上の場合では、行為者は正しい行為をしたにしても、正しい人間、善い人間だとはいえません。ですから、行為と行為者の性格とは分けて考えなくてはなりません。アリストテレスによれば、正しい善い人間だといえるのは、その「ひとが何らかの状態にあり、それの上に立ってそれぞれのことがらを行っている。（中略）つまり、みずからの「選択」に基づき、なされることがらそれ自身のゆえにこれをなしている」[4]場合にかぎられます。

この叙述の意味を探るために、試みに第7章に記したカントの考えと比較しましょう。カントでも、善悪が問われるのは行為者本人が意識して行なった行為です。アリストテレスが第二の条件として立てた、その正しい行為がそれ自身のゆえになされたか他の理由でなされたかという区別は、義務にもとづく行為と義務に合致する行為というカントの区別に相当します。さらに、両者とも主体的な選択を強調しています。ところが、選択がいかに行なわれるかという点で、ふたりの哲学者の見解は大きく異なります。

カントでは、いつでもどこでも誰もがその格率を採用しても互いに矛盾しないような格率を採択するように求められますが、その吟味には経験の蓄積を要しません。道徳の授業のモデルを示した「道徳の教理問答」という一節のなかで、カントは教師に若い生徒に向かって「何をなすべきかを知るには、経験や他人の指導を要さず、君の理性がそれを教えるのだ」と語らせています[5]。経験が無関係とすれば、道徳法則に合致する格率を採用するか否かはそのつど改めて試されるわけです。これにたいして、アリストテレスは、選択が行なわれる状態から「相互反対的なことがらのいずれをも結果するというわけにはゆかない」[6]と説明しています。というのも、それは善い行為のほうを自然に選ぶ構えのできた状態のことだからです。そうした習性、倫理的な卓越性（徳）は適切な経験の積み重ねを通してはじめて身に着きます。なぜなら、アリストテレスによれば、徳の涵養《かんよう》は技術の習得に似ていて、ピアノの練習をしてはじめてピアノが弾けるようになるように、「われわれはもろもろの正しい行為をなすことによって正しいひととなる[7]」るからです。

まだ冒頭の問いには答えられません。何が正しい行為かがわからないからです。

或る行為が正しい（中略）といわれるのは、それが正しいひと（中略）の行なうであろうような性質の行為である場合であり、また、正しいひと（中略）は、たんにかかる行為を行なうひとの謂いではなくして、正しいひと（中略）の行なうようなしかたにおいてかかる行為を行なうところのひとの謂いにほかならない[8]。

ここに手がかりがありそうです。私たちは決断によって、突如、正しいひとになれるわけではありません。ある技術を習得したいときには、その技術に熟練したひとの動作をまねるところから始めます。ある社会的な役割を命じられたときには、優れた前任者のやり方を学ぶことから始めます。それと同様に、正しいひとになろうとするには、とりあえずは正しい（と人びとに思われている）ひとを手本にするほかありません。手本に従ってふるまっていくうちに、行動の基準、そのつどの状況において配慮すべき点、複数の問題が競合するときの優先順位のつけ方などを自分なりにつかんでいくわけです。

ここでようやく冒頭の問いに答えることができます。アリストテレスが語っていたのは、同じ平面を堂々めぐりする循環ではありません。いわば、螺旋《らせん》を描いて成長していく過程なのです。すなわち、善を洞察する力をある程度体得したひとにはその洞察の程度に応じてそれなりになすべき行為がみえてくるでしょうが、そのひとが善い生き方を求めてさらに経験を積み重ねていくなら、似た状況には以前よりももっと適切なふるまいができるようになり、新たな状況には以前よりももっと適切に対応できるようになっていくでしょう。

手本となる人物は具体的に知られなくてはなりませんから、身近な人間関係のなかに求められるのが通例です。すると、善いひとになっていく上述の過程は、あるひとがその生まれ育つ共同体のなかで優れたものとみなされている価値観や規範を身に着けていく過程であり、かつまた、共同体の価値観や規範が伝承されていく過程でもあるわけです。

3　実践知と衡平

では、なぜ、倫理的な徳の涵養には経験が必要なのでしょうか。アリストテレスによれば、学問の認識がめざす対象はそれ以外のあり方ができないものであり(9)、したがって、選択の余地のない知です。これにたいして、どのように行為すべきかとか、何かを作るのに技術をどのように活用するかという問いには、複数の選択肢がありえます。この点で、行為は学問の認識よりも技術に似ています。しかし、技術が技術を駆使してできた成果を目的とするのにたいして、善い行為は善い行為をすることそれ自体が目的です。それゆえ、前者は制作、後者は実践と呼んで区別されます。

さて、行為について複数の選択肢がありうるのは、行為がそのつど千差万別の個別の場面において成立するからです。したがって、「いかなる行為の代わりにいかなる行為を選ぶべきであるかは容易に答えることができない」[10]。この条件のもとで、どのように行為するのが正しいのかを思いめぐらすのが実践知です。実践知は、知である以上、一般的なことに関わると同時に、実践は個別の状況においてなされる以上、個別の事情も知らなくてはいけません。たとえば、「他人にためになるのは善である」ということを知っているだけではなく、今ここで善をなすには「この状況で何をするのが相手のためになるのか」を洞察できなくてはいけません。ところが、「個別が知られるのは経験にもとづく」[11]ほかありません。それゆえ、倫理的な徳の涵養には経験が必要なのです。

そのつどその状況に適した行為をしなくてはならないというアリストテレスの見解を象徴する概念に衡平《こうへい》があります。衡平とは「「正」であっても、それはしかし法に即してのそれではなく、かえって法的な「正」の補訂[12]」と説明されます。法は類似の事例に一様に適用されるものです。差別なく法が適用されることが正しいことはいうまでもありません。しかし、状況が千差万別であり、そのなかにいる人びとも独自の事情を抱えている以上、規則どおりの処置がその状況については適切を欠く場合もありえます。そのときに法が定めるのとは違うが、その場にふさわしい処置をすることが衡平です。たとえば、「悪く杓子定規《しゃくしじょうぎ》的でなく、むしろ、たとえ法が自分に有利であっても過少に取る[13]」ことがその一例です。ただし、それはたんなる思いつきや一時の同情心であってはなりません。その処置は、実践知に富んだ立法者がそのような事態を想定していれば法のなかに事前に指示していたはずの特例処置だからです。その意味で、衡平は法の補訂です。それゆえ、アリストテレスは、衡平が「ある種の「正」よりはよきものであるにもかかわらず、それはやはり「正」」だと述べています。[14]ここに彼が正しさという概念を、硬直した法則としてではなく、種々の適応を可能とするふくらみをもって思い描いていたことがわかります。

4　徳の倫理と現代社会

カントの普遍道徳法則とベンタムの快楽計算は内容からすれば大きく異なりますが、どちらも規則を一律に適用するという特徴を共有しています。義務倫理学と功利主義は近現代の代表的な倫理理論ですが、近現代の倫理理論の多くは行為の法則を理論のめざす範型としています。これにたいして、古代中世の倫理理論は徳の涵養、性格の陶冶《とうや》を範型とします。そこに近代社会とそれ以前の社会の特徴が反映されていないわけではありません。カントの「道徳の教理問答」のなかの若い学生への教えに象徴されるように、近代の啓蒙は、すべてのひとが出自や履歴と関わりなく平等に自分で考える能力をもっていることを宣言しました。[15]それゆえ、誰もが同一の指針に想到するような普遍的な法則が求められます。他方、経験を通した成熟を重んじるアリストテレスは年少者に実践知は期待できないと考えていました。[16]とはいえ、古代は老成を評価し、近現代は若さと進歩を評価する傾向があるにしても、それだけでかたづけられるものではありません。古代中世でも主体的に考えることが、また、近現代でも人間の成長ということが否定されるはずもありません。第5章3に記したように、時代は積み重なるのです。それゆえ、アリストテレスの徳倫理も現在なお現役の倫理理論です[17]。

アリストテレスの倫理理論のなかで共同体が重い意味をもつなら、この理論は必然的にアリストテレスの生きた古代ギリシアの価値観の称揚につうじ、現代には不適合の要素を免れないでしょう。しかし、アリストテレスの考える徳は、たんに当時の文化に相対的であるだけでなく、むしろ、人間とは何であるかという人間の自然本性に対応した人間の機能[18]を開花させることを意味しています。したがって、アリストテレスをたんに既存の文化的伝統を擁護するという意味での共同体主義とみなすことはできません。この方向で徳倫理を現代に生かそうとする論者もいます。そのひとりヌスバウムは、人間の人間性を動物としての人間から鋭く切り分けるカントや社会契約を結ぶ根拠を合理性におくロールズを批判して、動物としての機能と人間としての機能を統合するアリストテレスを援用しつつ、人間は共同生活が不可欠な政治的動物であるということを根拠として社会的協働を基礎づけようとしています[19]。これは優れた試みです。

このようにみてくると、勤め先での自分、家庭での自分、地域共同体での自分というふうにさまざまな生活の場面で異なる規範に従いつつ自分の人生を形成している事態に、社会的役割に注視しつつ生の統合性を語ろうとする徳倫理は対応できるようにみえます。とはいえ、人間の永久不変の自然本性を強調すれば、第5章に記した古代中世と近代以降の形而上学の違いが際立ってきてアリストテレスの生きた時代と私たちの時代の隔たりを無視できなくなるでしょう。逆に、自然本性を援用しなければ、それを尺度とした人間としての成熟や完成を語りにくくなります。かといって、人間の機能をもっぱら現代社会の価値観に適合するように解釈する方向に進んだなら、それによって描かれた人間像は近現代の倫理理論のそれと大差ないものとなるでしょう。そもそも共同体が崩壊しつつある現代には手本となる正しいひとが見出しがたく、徳を涵養する過程が具体的に描きがたいのです。

異なる倫理理論のそれぞれの特長をみると理論間の対立を超えてそれぞれの特長を合わせた折衷を試みたくなりますが、いうまでもないことに、優れた理論は、あたかもカレーライスのうえにトンカツをのっけてカツカレーを作るような具合に合体できるものではありません。一方では、どの倫理理論も、他の理論とは際立った差異を含みつつ、複数の論証を組み立てて構築した統合性をもっており、他方では、私たちの生には、時代は積み重なると記したように、いかに優れた倫理理論でも単一の理論だけでは説明しきれない複雑な要素を内に蔵した深みがあります。理論の統合性を尊重し、私たちの生の深みに留意しつつ、思索を深めていかなくてはならないわけです。

第16章　註

（1）アリストテレス、『ニコマコス倫理学』、1097b（邦訳は、『ニコマコス倫理学』上巻、高田三郎訳、岩波書店、一九七一年、三一頁）。
（2）同上、1144a（邦訳、同上、二四五頁）。
（3）同上、1144a（邦訳、同上、二四四頁）。

（4）同上。
（5）Kant, I., *Die Metaphysik der Sitten* [1797], VI, 481-482（邦訳、『カント全集11　人倫の形而上学』、樽井正義・池尾恭一訳、岩波書店、二〇〇二年、三七四－三七七頁）。
（6）アリストテレス、前掲、1128a（邦訳、前掲、一七〇頁）。この点で、倫理的な徳は善用も悪用もなしうる能力や学問と違います。
（7）同上、1103a-1103b（邦訳、同上、五六－五七頁）。
（8）同上、1105b（邦訳、同上、六五頁）。
（9）プラトンの考える認識が永遠不滅なイデアを対象としていたように（第3章**3**）、アリストテレスでも、学問の対象は無条件に必然的で永遠不変のものでした（同上、1139b、邦訳、同上、二二〇－二二一頁）。
（10）同上、1110b（邦訳、同上、八六頁）。
（11）同上、1142a（邦訳、同上、二三三頁）。
（12）同上、1137b（邦訳、同上、二〇九頁）。
（13）同上、1138a（邦訳、同上、二一〇頁）。
（14）同上、1137b（邦訳、同上、二〇八頁）。
（15）カントは、「啓蒙とは人間が自ら招いた未成年状態から抜け出ることである。未成年状態とは、他人の指導なしに自分の悟性を用いる能力がないことである」と定義し、「あえて賢くあれ。自分自身の悟性を用いる勇気をもて」と奨励しています。（VIII, 35.「啓蒙とは何か」[1784]、『カント全集14　歴史哲学論集』、福田喜一郎訳、岩波書店、二〇〇〇年、二五頁）。
（16）アリストテレス、前掲、1142a（邦訳、前掲、二三三頁）。
（17）たとえば、J・H・ムーアは「もし、アリストテレスがコンピュータのプロフェッショナルだったら」

(Moor, James H., "If Aristotle were a computing professional," Robert M. Baird, et al. (eds.), *Cyberethics – Social & Moral Issues in the Computer Age*, Prometheus Books, 2000）という論文のなかで、マニュアルどおりの対応ではなく状況に応じた対応を求められる専門職に徳の涵養の必要を説いています。

(18) 人間に最も固有な機能はロゴスに関わる魂の活動にあるとされますが、それは人間の（たとえば、生物としての）機能と相互排除的ではありません（アリストテレス、前掲、1097b–1098a、邦訳、前掲、三二－三四頁）。

(19) ヌスバウム、M・C、『正義のフロンティア――障碍者・外国人・動物という境界を越えて』、神島裕子訳、法政大学出版局、二〇一二年［2006］、一八四－一八五頁。

第17章 共同体主義の系譜をさかのぼる（二）
——ヘーゲル

第15章冒頭の引用では、リベラリズム対共同体主義の対立がカント対ヘーゲルの対立を連想させると記されていました。本章ではヘーゲルをとりあげます。ヘーゲルには弁証法という固有の思考法があります。まず、そこから話を始めましょう。

1 弁証法

契約においては、即自的な法はひとつの定立されたものとして有り、この法の内的な普遍性は（契約する双方の）恣意および特殊的意志のひとつの共通的なものとして有る。法のこの現象（中略）は、つづいて進行して不法のかたちで仮象となる。——すなわち、即自的な法と、この法がひとつの特殊的な権利となるものとしての、特殊的意志との対立になる。だが右の仮象は空ないし無効なものであるということ、法はこのおのれの否定を否定することによっておのれを回復するということが、この仮象の真理性である。法は、おのれの否定からおのれに帰るという、おのれを媒介するこうした過程を通じて、おのれを現実的かつ妥当するものとして規定する。というのは、法は最初はただ即自的でしかなく、なにか直接無媒介的なものでしかなかったのだからである[1]。

この一節はおそらく本書の引用のなかで最も難解であり、一読して意味のとれる方はあまりおられないでしょう。だが、この一節に感動しながら読むのであれば、ひょっとするとこんな体験をするかもしれません。まずはゆったりとした気分で読み始める。ところが、「不法」にさしかかるあたりで心臓がどきどきし始める。何が起きるのか、どうなるのか。不安のうちに字を追っていく。すると、「右の仮象は空」のあたりで光明が射すのを感じる。「おのれの否定を否定する」を目にして会心の笑みが浮かぶ。「現実的かつ妥当するものとして規定する」で感動のあまり天を仰ぐ。最後の一文では、嫋嫋《じょうじょう》たる余韻にひたりながら弁証法的思考の去りゆく後ろ姿を見届ける。頬には一筋の涙が伝わっている――。

パラフレーズしましょう。ドイツ語のRechtは「法、権利、正しさ」という三つの意味を含んでいます。右の一節は「法、権利、正しさ」が今成り立ちつつある状況を描いています。品物xを所有していて品物yを求めているAさんと品物yを所有していて品物xを求めているBさんがいます。両者のあいだでxとyを交換する契約が交わされました。その契約は両者のどちらにもあてはまるという意味で普遍的な決まり（法）です。ちゃんと交換が行なわれるのが正しいことです。AさんはBさんにxを渡します。ところが、Bさんはxを受け取りながらyをよこしません。契約が破約に、法が不法となったのです。というのも、この契約、法を支えていたのは、ある品物が欲しいという各自の恣意とそれにもとづいた合意だけであり、xを欲するBさんの意志は契約を交わす動機であると同時に契約を破る可能性をも秘めていたからです。しかし、破約がまかり通れば、法も正しさもありません。したがって、法は自分を否定する不法を否定せずにはおきません。すなわち、不法を許さないことができてはじめて現実に効力のある法となるわけです。

即自とは、自分と対立するもの、自分を否定するものとにまだ出会っていない状態をいいます。対立者が潜在している以上、即自の状態は一面的なのですが、その一面性に気づいていません。自分と対立し否定するものが現われると、自分自身を省みて自分に向き合わざるを得なくなります。この状態を対自といいます。この状態は自分の限界、一面性を自覚していますが、自分を否定する相手に反発し、相手との違いによって自己規定する点で、実は相手に依存している状態です（相手についても同じことがいえます）。しかし、自分を否定するものが批判するような自分を脱することができたなら、批判されていた自分を克服することができ、かつまた、相手の批判もこの自己変革を促した契機として自分のなかにとりこんだことになるでしょう。したがって一面性を脱します。これを止揚《しよう》といいい、それによって到達した状態を即且《かつ》対自といいます。

この過程は成長や成熟になぞらえられるでしょう。たとえば、一流のサッカー選手を夢見ている少年がいるとしましょう。想像のなかでは、彼はすでに一流です。ところが、彼が現実のなかへと足を踏み出すと――たとえば、クラブに所属すると、もっとうまい選手に出会うでしょう。ここで少年がくじけてしまえば永久にへたなままです。彼が現実に一流のサッカー選手になるには、練習を通して「へたな選手である自分」を克服していくほかありません。それに成功したときにはじめて、彼は少年時の希望と変わらぬ、しかし想像ではなく現実の一流選手になるわけです。少年時の夢が現実の一流選手のなかに保たれていることにご注意ください。弁証法が描く発展は、生き物の成長、有機体の発達に似ていて、当初の未発達な要素が高度に発展した状態のなかに組み込まれていく過程です。

ヘーゲルはこの弁証法という思考法によって、人びとの結びつきのなかに精神がしだいに出現していく姿を捉えました。家族、市民社会、国家についての分析をみてみましょう。

2 家族、市民社会、国家

ひとの結びつきの端緒は家族です。夫婦と子どもから成り、夫婦は性的な結合で結ばれ、親子は親子の情愛で結ばれています。その点では人間以外の動物と変わりません。とはいえ、人間は性欲の満足や子育てのためだけに家族を形成するわけではありません。婚姻はふたりの人格がひとつの人格をなすことであり、子どもはこの一体性を客観化します(2)。家族全員が生きていくために家族の資産は共有されます。だから、共同体主義が指摘するように（第15章**1**）、家族のなかでは、正義は最も重要な規範ではありません。

さて、家族が生き続けるためには、家族の誰か（たとえば父親）が自分と家族が生きるために必要なものを手に入れなくてはなりません。その場所が（野生動物であれば草原や密林や大海がそれですが）人間では市場です。市場に集まるひとは自分とその家族の生活が営めればさしあたりはそれでよいので（もちろん、その生活がよりよくなればもっとよいですが）、互いに利己的です。各人がそれぞれの欲求を充足させるために結びつくこの市場を、ヘーゲルは欲求の体系と呼んでいます。ところが、前述のように、市場での契約とその成果とを無にする行為（破約、詐欺、窃盗等）も起こりえます。それに対処するために司法が必要となります。さらには、市場に参入するには売り手でなくてはなりませんが、人間には病気や事故や災害、ついには老齢によって売り手たる能力を失う可能性があります。それに備えて、保険や年金、ひとことでいえば福祉が要請されます(3)。市場、司法、福祉を契機とする人びとのこの結びつきを、ヘーゲルは市民社会と呼びます。

ところで、市場での契約は双方の利益にならなければ結ばれませんし、司法は誰にも等しく適用されますし、保険や年金はその加入者の醵出《きょしゅつ》分を共同で管理して援助が必要なひとには誰でも同じ規則のもとで支給されなくてはいけません。すると、出発点では利己的でも、これらの制度を介して人びとは、自分の望んでいることを他人も望んでおり、だから自分の目的を達成するために他人の目的の達成も承認しなくてはならないという普遍性の意識に到達します。ただし、この普遍性は各人が自分の目的を充足したいという特殊性を支えにしています。

これにたいして特殊性がすっかり克服されて普遍的になった状態を、ヘーゲルは市民社会と対比して人倫と呼びます。国家がそれです。国家は特定の文化的歴史的伝統を担う習俗として現われ、そのなかで育った私たちは自分をその国家の一員として認識し、それゆえ自分と国家は不可分であり、国家の目的を自分自身の目的とすることができるというわけです。

以上の家族、市民社会、国家とつづく流れは弁証法的に展開されています。家族は孤立しては生きられないので、自然的結合である家族が目的とする生命維持の欲求を満たすために市場のなかに組み込まれます。市場参加者はこの利己的な目的のために市場に参入するのですが、その要望を成就するためにはたんに利己的であることを打ち砕かれて普遍性へと転化します。国家は市民社会と家族を包み込みますが、そのことで後二者が否定されるのではなく、国家の果たす司法や福祉や教育等の機能によって後二者は維持されます。

それでは、ヘーゲルのこの思想がどこでカントと対立するのでしょうか。

カント的規定でもあり、またもっと一般的にも認められている規定では、「私の自由ないし恣意を、それが普遍的な法則に従って各人の恣意と一緒に存立できるように、制限すること」が主要点である。(中略)この、いったん認められた原理によれば、理性的なものは、もちろんただそのような自由にとって制限を加えるものとしかみられえないし(中略)、ただある外的、形式的な普遍性なものとしてしか現われえない。[4]

第7章にみたように、カントでは、私の採択する生き方（格率）を誰もがいつでもどこでも採用しても互いに矛盾しない場合に、その生き方は普遍的な道徳法則に従っています。逆に、普遍的道徳法則の基準を満たさない生き方は我意として斥けられます。だが、それはもともとそのひとのしたかった生き方だから、そのひとは道徳を外から加えられる制約として受け取る可能性があります。[5]道徳の許容する生き方を生きることで共存は成り立っても、もともと相競合する生き方を望んでいた人びとのあいだの対立は潜在的に残りえます。普遍性に到達していても、特殊性を基盤とする市民社会の規範を、ヘーゲルは今述べた通りの意味で道徳と呼びました。これにたいしてヘーゲルは、私の望みがそのまま他の人びとの望みでもあるような状態、対立が解消されて人びとが宥和《ゆうわ》した状態を真の自由と考えるのです。この状態は、ヘーゲルの考えでは前述の通り、人倫すなわち国家で実現されます。人倫を支配する規範は倫理と呼ばれ、道徳と区別されます。

カントの道徳理論のみならず、国家は国民である個人の生命、身体の安全、財産の維持のためにあるとする社会契約論が、ヘーゲルからみれば、道徳にとどまることは明らかです。[6]したがって、社会契約論を源流とするリベラリズムにたいする共同体主義の批判は、カントにたいするヘーゲルの批判と重ね合わされるわけです。ロールズの無知のヴェールのもとでの社会契約者を負荷なき自我と呼んだサンデルの批判は、ヘーゲルの概念を使えば、人間は倫理を体得するなかでそのひととなるのだという批判に読みかえられます。ただし、ヘーゲルの思想が共同体主義に収斂《しゅうれん》するとはいえません。ヘーゲルが提示したのは、精神が家族、市民社会、国家へと自分自身を展開していく壮大な歴史哲学だからです。

3　戦争と世界審判としての世界史

国家が家族と市民社会を包み込むとしても、しかし、国家は特定の習俗をもつ個体ですから、ひとつの国家には別の国家が相対立してくるはずです。対立が激化すれば戦争が起こります。ヘーゲルは戦死を、生き物として不可避な死が国家の存続のために「みずから欲して消え去ってゆくこと」すなわち「自由の業という倫理的なものへ高められる」(7)と称揚しました。カントは人間をたんなる手段にしてはならないという根拠から常備軍の撤廃を主張しましたが(8)、ヘーゲルの考えでは、持続的な平和は国民を腐敗させます(9)。社会契約論者ホッブズであれば、生命の放棄は自然法から禁じられるので、どれほど空しい抵抗であれ、死ぬ危険から逃れようとする試みは正当化されうるでしょう。ロックでは、国民に統治者を選ぶ権利があるので、国民の総意のもとに好戦的な君主を追放するのは正当です。これにたいして、たしかに、ヘーゲルでも、国民各人の意志が国家全体の意志となるべく、国民の意見を反映する体制を構想していますが(10)、その国家は文化的歴史的伝統によって特有の習俗を作り上げてきたものとして考えられていますから、彼の国家論が今現在すでにある国家体制を擁護する傾向を含んでいることは否定できないでしょう。

とはいえ、国家間で対立が生じ、諸国家が勃興消滅していく進行もまた、弁証法的思考によって解明されるべき対象です。したがって、ヘーゲルは世界史を「普遍的精神の展開であり現実化」(11)の場と捉えました。歴史をつうじて自己自身を実現していくこの世界精神が諸国家の栄枯盛衰の運命を決していく「世界審判としての世界史」(12)です。もちろん、その裁きは、歴史的偶然性によってではなく、その国家の体現している思想によって決まるものです。ここにヘーゲルの思想がたんに既存の国家体制の肯定にとどまらぬことがわかります。

だとすれば、たとえば、国家の犠牲となって死んでいった人びとを追悼する行為は、たんに追悼する者とされる者の同一国家への帰属感を高める儀式ではなくて、同時にまた、そのような犠牲を出した国家がどのような国家であったのか、国民のなかにいかなる多様な考えがあってそれらの抗争を通していかなるしかたで国家としての意志決定が下されてそのような帰趨《きすう》を招いたのかということを、しかも当時の敵対国や同盟国についても同様の検討を加えて、省察する機会でなくてはならないでしょう。

ヘーゲル自身は彼が最も精神が開花した状態とみなしたゲルマン的治世を世界史の到達点と評価しました。しかしながら、弁証法的思考の本質からすれば、特定の時代と地域に生まれた実定的なものはいずれ止揚されていくはずのものです。私たちはヘーゲルのあずかり知らなかった進展を――一般市民の殲滅《せんめつ》戦となった戦争を、多くの移民や難民が移住してくる国家を、あるいはまた、地球規模に広がった欲求の体系のなかで国家もまた国内経済の利害を代表したひとりの売り手のようにふるまう経済のグローバリゼーション化した経済等々を——経験しています。[13] それを考えれば、今ヘーゲルを援用しようとするなら、私たちはみずから弁証法的思考にもとづいて現状の分析を試みるか、それとも、弁証法による世界精神の展開といった壮大な物語は現代にそぐわないと判断するのであれば、現代の国家はかつて国家が語られたのと同じ文脈では語りえない点にこそ留意する必要があるでしょう。

第17章　註

（1）　Hegel, Georg Wilhelm Friedrich, *Grundlinien der Philosophie des Rechts* [1821], *Sämtliche Werke*, Bd. VI, Hrsg. Georg Lasson, Verlag von Felix Meiner, 1911, S. 82（『法の哲学』Ⅰ、藤野渉・赤沢正敏訳、中央公論新社、二〇〇一年、二五〇－二五一頁）。

（2）　Ibid., S. 142（『法の哲学』Ⅱ、藤野渉・赤沢正敏訳、中央公論新社、二〇〇一年、四三頁）。「母は子どもにおいて夫を愛し、夫は子どもにおいて妻を愛する。こうして両人は子どもにおいて自分たちの愛を目の前にもつ」（Ibid., S. 332. 同上、六四頁）。

（3）　現代では、福祉は国家の任務とみなされますが、ヘーゲルでは、福祉行政（Polizei　現在では警察をいうが、当時は内政一般）と職業団体とがそれを担います。

（4）　Ibid., S. 42-S. 43（邦訳、Ⅰ巻、前掲、一二二－一二三頁）。

（5）　もちろん、カントの考えからすれば、道徳法則によって我意が打ち砕かれるさいの悲痛は、本人にとって自分が道徳的に高められたという思いに昇華されるはずです。

（6）　国家を市民社会と混同するなら、国家の成員であることは随意のことだと誤解されるだろうとヘーゲルは社会契約論を批判し、「国家は客観的精神なのであるから、個人自身が客観性、真理性、倫理性をもつのは、彼が国家の一員であるときだけである」（Ibid., S. 196. 邦訳、Ⅱ巻、前掲、二二八頁）と主張します（第12章**3**、第15章**2**参照）。

（7） Ibid., S. 263（邦訳、同上、四〇四頁）。

（8） Kant, I., „Zum ewigen Frieden. Ein philosophischer Entwurf von Immanuel Kant“[1795], VIII, S. 345（邦訳は、「永遠平和のために」、『カント全集14』、遠山義孝訳、岩波書店、二〇〇〇年、二五四頁）。

（9） Hegel, a. a. O., S. 263（邦訳、Ⅱ巻、前掲、四〇五頁）。

（10） ただし、その構想は、君主は最高審議職（元老）に輔弼《ほひつ》されて決定し、所管の任務に通じた者からなる政府とそのもとの各省の官僚が行政をつかさどり、土地貴族と農民、商工業の職業団体と地方自治団体の代表者からなる二院制で国民各層の利害を反映するというもので、現在の議会制民主主義からはかなりかけ離れたものです。ヘーゲルはここに含まれる（君主や官僚、国民各層等の）特定の要素の恣意が国家全体の意志決定を牛耳ることのないようにこうした国内体制を考えたようです（Ibid., S. 219ff. 邦訳、同上、二八五頁以下）。

（11） Ibid., S. 271（邦訳、同上、四二八頁）。

（12） Ebenda（邦訳、同上、四二七頁）。

（13） 多国籍企業が進出先の国家の法律や制度によって期待するほどの利益をあげることができなかったという理由で国家を訴える「投資家対国家間の紛争解決条項」という制度は、国家が占める位置の変化を端的に表わしています。

第18章 討議倫理学による調停

ひとはそれぞれ自分が善いと思う生き方（善の構想）を思い描きます。第13章にみたように、リベラリズムが根本に据えるのは、善の構想を追求する権利を各人に平等に認めるという意味での正義でした。これにたいして、共同体主義は私たちが特定の文化的歴史的伝統のなかで育ってこそ善の構想を思い描けるのだと反論します（第15章）。ヘーゲルによれば、平等な権利を保証する道徳は潜在的な対立を残すのにたいして、人倫（国家）の倫理では各人の意志が国家の意志と合致するから対立は克服されます（第16章）。しかしながら、現代の国家は歴史的には言語や文化を共有する国民国家に由来するとしても、多様な宗教を信じる多様な人種がひとつの国民を形成していることが稀ではありません。私たちは価値多元社会に生きているのです。そのことを鮮烈に意識しながら、倫理と道徳の対比、ヘーゲルとカントの対立について考えを進めたのが討議倫理学です。

1　社会的妥当と道徳的妥当

私たちがある特定の歴史的文化的伝統のなかで規範を身に着けていくことは疑いありません。特定の内容をもつその規範がその共同体のなかで生まれ育った私たちのあいだで効力をもち、通用していることは事実です。しかし、そこへ生まれも育ちも異なるひとが移住してきて永く住むことになったとしましょう。このひとも私たちが善しとする生活様式を共有すべきでしょうか。たとえば、あなたがあなたの信仰しない宗教の信者が国民の大半を占める国家に永住するとしたらどうでしょう。その国家が政治と宗教とが分離した近代国家であり、したがって市民社会を形成しているなら、市民社会の規範である道徳は生き方の多様性を認めるから、移住してきたひとや移住したあなたはその社会の多数派とは違った生活様式をつづけてよいはずです。すなわち、その社会の今現在の構成員の多くのあいだで事実として通用していること（社会的妥当）がそのまま、その社会の構成員の誰もが守らなくてはいけないこと（道徳的妥当）になるわけではありません。

すると、どういう規範なら道徳的妥当と認められるのでしょうか。討議倫理学によれば、ある方針を規範として認めるかどうかを話し合う実践的な討議に参加する能力をもつひとのすべてが同意する規範のみが道徳的妥当性をもちえます。[1] 討議の参加者全員がその規範を承認するとは、その全員がその規範に従ったときに、その結果、ひとりひとりの身に起こる利益や損害を全員が強制なしに受け入れるということにほかなりません。[2] これを普遍化原則と呼びます。それでは、どのように討議が進んだならば、その討議のなかで同意されたことが普遍化原則を満たしているといえるのでしょうか。討議倫理学を代表するひとりハーバマスは次のような規則を数えています。(3)

（一・一）どの話し手も自己矛盾を犯してはならない。

（一・二）ある対象aにある述語Fを適用する話し手は、aとすべての有意な観点において同等の他のいかなる対象にもFを適用する用意がなければならない。

（一・三）さまざまな話し手たちが、同一の表現をさまざまな意味において用いることがあってはならない。

まずは、討議が何について話しているのかわからなくなるのを防がなくてはなりません。以上はそのための規則、いわば討議が成り立つための不可欠の前提です。ついで、

（二・一）すべての話し手は、みずから信ずることをのみ主張してよい。

（二・二）議論の対象になっていないような言明や規範を攻撃しようとする者は、そのために根拠を示さなくてはならない。

これらは討議が真剣に行なわれるための不可欠の前提です。（二・二）は、討議とは、挙げられた

根拠や理由がどれほど納得のいくものかを争う営為だということを明らかに示しています。討議の参加者は全員（自分もまたそのひとりです）がその根拠に納得して同意した以上は、その提案が各自にもたらす結果を引き受けなくてはなりません。だが、そのためには、討議の参加者それぞれが自分の利害を主張できる保証が必要です。そこで、

（三・一）言語＝行為能力のあるすべての主体は討議に参加してよい。

（三・二）（a）誰もが、どんな主張をも問題にしてよい。（b）誰もが、どんな主張をも討議にもちこんでよい。（c）誰もが、自分の立場や希望や欲求を表明してよい。

（三・三）どの話し手も、討議の内外を支配している強制によっては（三・一）と（三・二）で確定された自分の権利を行使するのを妨げられない。

噛み砕いていえば、討議は誰にも開かれており、ちゃんとした根拠さえあれば、今までずっと通用してきたことについて疑念を表明してよいし、今までの慣習からみればどれほど新奇な着想でも提案してよく、大勢のために自分の意見を押し殺さないでよい。暴力・脅迫・抑圧によって発言を封じてはならない。それでこそ、その討議をへて全員の同意を得たことがらが、前述の通り、全員に「強制なしに」受け入れられうるわけです。

2　超越論的遂行論的基礎づけ

これらの規則をみて、あたりまえのことばかりが並んでいるという印象をもったひともいるでしょう。だが、討議倫理学者によれば、これらの討議の規則はそれに反対しようとするひとが自己矛盾に陥ってしまう、したがって誰もが認めざるをえない最も根本的な規則なのです。討議倫理学者はそのことを記号論で用いる概念を使って説明しています。

記号論は三つの部門から成り立ちます。第一に、記号と記号が指すものとの関係を論じる意味論。たとえば、外国人が「日本では家のなかの壁が動く」と驚いたとします。この「発見」の真偽は、壁という語（記号）で襖《ふすま》を指すのが適切か否かという意味論の問いによって答えられます（襖は壁ではないとわかれば、その外国人の「日本の神秘」にたいする感動が薄まるかもしれませんが）。前述の規則（一・二）は意味論上の規則です。つぎに、記号と記号との結びつき方を論じる統辞論。「から部門はます記号論成り立ち三つの」は意味がとれませんが、本段落の第一文は統辞論的構造が正しいので理解できます。最後に、記号とそれを使うひとの関係を論じる遂行論。「私は存在しない」という文は統辞論的に適切で、「私」は話し手を指しており、「存在しない」の意味も理解できます。しかし、この文が発言される以上は発言した者が存在しているのに、この文はそのことを否定しています。記号を用いる者と記号とのあいだに成立するこうした矛盾を遂行的矛盾と呼びます。

前述の討議の規則を否定するひとは遂行的矛盾に陥り、それによって本人の意図とは裏腹に、規則の正しさを裏づけることになります。たとえば、「討議に参加する資格のない者もいる」と主張するひとは規則（三・一）を否定しようとしていますが、この規則の妥当性を認めざるをえません。なぜなら、そういう主張をするひとにすら、この規則は発言権を保証しているからです。「みんなが従ってきたことに疑念を投げかける発言は控えるべきだ。問題にしてよいことと触れてはならないことがある」とか「何もかもみんなで論じあうのはいかがなものか」といった発言は順に規則（三・二）（a）（b）を否定しようとしていますが、こうした発言をする機会は同じ規則によって保護されています（ただし、そう発言したところで自己矛盾を暴かれれば、その主張が全員に支持されることはありそうもありませんが）。ついでにいえば、「いかがなものか」という表現は政治の場などで地位のある人物によってよく使われますが、むろん、これは単純な問題提起ではなく、論証以外の力を借りて反対意見を抑圧するような用意が発言者にあることを匂わせています。すなわち、規則（三・三）に違反している匂いがします。ですから、あくまで討議で決着をつけようとするなら、発言者がそのような疑念を表明する根拠を追及して、その主張がどれほど納得のいくものかどうかを吟味すべきです。しかしながら、そもそも討議そのものを否定する発言さえ、他者の同意を求めているからこそ発言されるのであって、したがってその内容とは裏腹に、それを語っている人間が討議を通して自分の主張が承認されるのを求めていることを白状しているのです。

こうして討議こそが規範を成り立たせていると討議倫理学は指摘します。討議という基盤はそれ以上にさかのぼった別の根拠を必要としない（なぜなら、それを否定すればただちに遂行的矛盾によって論駁《ろんばく》されますから）という意味で超越論的と形容されます。[4] 討議を行なう者の集まりはコミュニケーション共同体と名づけられます。

さて、討議の規則は、討議に付される主張の内容とは独立です。その主張が合意を得るか否かはその主張の根拠しだいであって、討議の規則から「正解」が引き出されるわけではありません。この点で、討議倫理学がカントの形式主義を継承していることがおわかりでしょう。その構成員の誰もが平等にその発言権を尊重されているコミュニケーション共同体とは、誰もが他人のたんなる手段とされてはならないというカントの目的の国の概念を受け継ぐものです。ところで、第7－8章にみたように、カントは目的の国とその構成員を提示するにあたって、現象としての人間とは別に本体としての人間、現象界とは別に叡智《えいち》界という、経験によっては説明できない、したがって形而上学による説明を動員しました。これにたいして、討議倫理学はいかにも現代の倫理理論らしく形而上学ではなく、それを否定すれば自己矛盾に陥るという遂行的矛盾に訴えて説明しているわけです。

だが、私たちが現実に行なう討議は討議の規則を完全には満たしておりません。少なくとも規則（三・一）からは討議能力のあるひとすべてが討議に参加できるのですが、時間的空間的制約からそれは実現不可能です。そこで討議倫理学を代表するもうひとりの雄であるアーペルは、実際に討議が行なわれる現実的コミュニケーション共同体を討議の規則を完全に満たした理想的コミュニケーション共同体から区別します。[5] ただし、後者はたんなる机上の空論ではなくて、前者は後者を先取りしていなくてはいけません。すなわち、私たちは実際に討議する者同士の全員の合意が得られるような方針を築き上げる努力をすべきことはもちろん、理想的コミュニケーション共同体を念頭において討議するかぎりは、同時にまた、その討議に実際には参加していない者が討議に参加していればやはり同意するであろうと思われるような方針をめざすべきです。裏返せば、今ここにいる全員の合意によって採択できた方針といえども、この場の討議には登場していない新たな話し手が加わった将来の討議においては十分に納得のいく理由をもって覆される可能性もあります。そのことをつねに意識しておくことで他者の批判につねに心を開いておく心構えをもっているべきです。

3 討議倫理学による調停

カントとヘーゲルの対立、ヘーゲルのいう倫理と道徳の対比、さらにはその現代版ともいうべきリベラリズム対共同体主義の対立に話を戻しましょう。

コミュニケーション共同体は発言する権利を全員に等しく認めるのですから正義を根幹にしています。それだけをとれば、討議倫理学はヘーゲルよりもカントに、倫理よりも道徳に与しており、したがって共同体主義よりリベラリズムに親しいことになります。しかしながら、討議の規則は討議される内容とは独立なので、その内容がどこからか来ないといけません。その内容は私たちが特定の歴史的文化的伝統のなかで生まれ育つうちに身に着けた（ときには既存の慣行に反抗して考え出した）見解をおいてほかにありません。ここに倫理が生かされてきます。その意味で、負荷なき自我ではいかなる価値観ももちえないというサンデルのリベラリズム批判もまた的外れではありません。

とはいえ、提案された見解のごく一部だけが道徳的妥当を勝ちとるにすぎないではないかと疑問をもつひともいるでしょう。その通りです。しかし、道徳的妥当とは、前述の通り、その社会の全員が守らなくてはならないことに限定されます。したがって、道徳的妥当としては認められないとしても、その規範が一部の人びとにとっては依然として遵守すべきものでありつづけ、倫理として生きつづける場合もありえます。すなわち、道徳とは社会の構成員が共存するために尊重すべき正しさをいい、倫理とは各人がそれを守ることでその人生を本人にとって真に生きるかいのあるものにする善の構想に関わります。たとえば、先に挙げた例のように、あなたがあなたの信仰しない宗教の信者が大半を占める国家に移住した場合、その国家が市民社会を形成しているなら、「信仰している宗教を理由にして、あるいはまた、いかなる宗教も信仰していないという理由によって差別されることはない」という規範の道徳的妥当性が認められ、そのもとで、信仰を共有する人びとがある特定の宗教の教える生き方を善しとして実践するというふうに、道徳と倫理、正義と善とが棲み分けします。

こうして討議倫理学は、カントとヘーゲルそれぞれの遺産を、ヘーゲルのいう倫理と道徳の違いを、さらにはリベラリズムの主張と共同体主義の主張とを、いわば調停する役割を果たします。ただしその調停は、近代以降の社会が価値多元社会へと進んできた以上は、社会を統合するための根幹に善ではなくて正義を据えるわけです。

第18章　註

（1）ハーバマス、J、『道徳意識とコミュニケーション行為』、三島憲一・中野敏男・木前利秋訳、岩波書店、一九九一年［1983］、一四九頁。

（2）同上、一〇八頁、一四八頁。

（3）同上、一四一－一四三頁。

（4）超越論的とはカントの用語で文脈によって多義的ですが、ここでは、真理に到達すること、すなわち認識を可能にする条件という意味が受け継がれています。

（5）アーペル、K－O、「コミュニケーション共同体のアプリオリと倫理の基礎」［1973］、『哲学の変換』、磯江景孜ほか訳、二玄社、一九八六年、二九九頁。

第19章

正義とは異なる基礎（一）

――正義の倫理とケアの倫理

本章では、道徳性の発達理論という心理学の知見をとりあげます。（第17－18章にいわれた倫理と対比される道徳という意味ではなく）ここでは道徳性とは、道徳的な評価の見方――どのようなことを善ないし悪と判断するか、さらにその根底にある考え（善悪をどのようなものとして把握しているか）――を意味します。道徳性の発達の道筋を描くのが発達理論ですが、そこに描かれたいくつかの発達段階の最も成熟した段階にまで、すべての人間が上昇していくわけではありません。n＋1段階に到達するには必ずn段階をへなくてはならず、かつ、到達した段階からそれ以前の段階への退行は原則的には起こらないことを条件として発達段階を序列化できれば、発達理論としては十分です[1]。

善悪とはどのようなことかと抽象的に尋ねても（とくに子どもは）答えにくいでしょう。そこで、発達心理学者コールバーグはいくつかの「お話」を用意しました。ハインツのディレンマはそのひとつです。「ハインツの妻は重い病気で、助かるには高価な薬が必要だ。だが、ハインツには薬を買うお金がない。友人たちから借り集めるがとても足りない。彼は事情を話して薬屋に薬を分けてもらうように頼みこむが、薬屋は拒絶する。ハインツは薬屋に盗みに入って薬を手に入れるべきか。それとも、妻が死ぬにしても盗みはすべきでないのか」[2]。盗むか盗まないかのいずれかの答えが道徳的により高い成熟度を示しているというわけではありません。重要なのは、回答者がそう回答した理由です。その理由づけから回答者が善悪をどう理解しているかを洞察するわけです。それではまず、コールバーグが提示した道徳性の発達理論をみてみましょう。

1 コールバーグの道徳性の発達理論

コールバーグ理論によれば、発達の程度は前慣習的・慣習的・脱慣習的の三レベル、さらに各レベルが二つの段階に分かれ、合計三レベル六段階に整序されます[3]。

前慣習的レベルの第一段階では、善とは権威（たとえば親）の命令に従うこと、悪とは権威に背いて罰を食らうことです。第二段階では、自分の欲求を満たすために他人の欲求を満たす発想が生まれます。たとえば、弟妹の世話をしたいからするのではなく、それをすると親にほめられるからすると いう道具的思考や、相手が喜ぶことをすれば相手も自分にそうするだろうという互酬性の発想がみられるようになります。（第一段階より賢くというより、ずる賢くなったみたいですが）自分のことだけしか考えられない段階を脱して、他人の身に自分を置き換えて考えられるようになった点が成長の証です。とはいえ、第二段階にしても、善とは自分にとって都合がよい結果になることを意味しているにほかなりません。自己中心性が前慣習的レベルの価値観の中心にあります。

ところで、成長とは前の段階の否定のうえに成り立つものです。そこで慣習的レベルでは一転して、自己中心性が悪とみなされます。その最初の段階である第三段階は「よい子志向」と呼ばれ、周囲の期待に応え、本人が今おかれている立場に通常求められる役割を果たし、他人を喜ばせることを善と考えます。第四段階では、自分に求められていると考える役割の基準が抽象化され、法や規則の遵守、社会秩序の維持が善とみなされます。慣習的レベルでは、社会（の大多数）への順応、慣習への同調が善にほかなりません。

法や規則は法や規則であるゆえに遵守すべきだという第四段階の発想が否定されると、脱慣習的レベルに移行します。その最初の段階である第五段階では、法や規則は社会の構成員の幸福のために作られた契約にすぎず、それゆえ、その趣意に反するならば変更することも可能だという認識にいたります。さらに進んだ第六段階では、その規範がすべてのひとに普遍的に妥当し、かつ、各人の生き方として首尾一貫して妥当するもの、つまり普遍妥当的で整合的な原理によって支えられたものこそが倫理規範だと考えます。脱慣習的レベルでは、善の善たりうるゆえんを、前慣習的レベルのように権威に依拠するのでも慣習的レベルのように社会に依拠するのでもなく、自分で考えて根拠づけるわけです。

権威への服従から社会との順応への移行は特定の他者からの自己の分離を、社会への順応から自己自身による規範の根拠づけへの移行は他者一般からの自己の分離を意味します。同時に第二段階以降の進行につれて、自分が立場を置き換えてみる相手は道具化される他者から、周囲のひとへ、同じ法や規則を適用される集団へ、さらには、法や規則を変更する反事実的思考や普遍妥当的な原理を通して想定しうる可能的な他者というふうに広がっていきます。したがって、コールバーグの発達理論では、他者への依存からの自己の独立、自己と他者の役割を交替して考える能力（それは同時に自分のおかれた状況を抽象化する能力でもあります）の広がり、そして自他に等しく適用される原理的思考の修得が、成熟を測る尺度となっているわけです。この考え方のもとでは、自他を対等にみる平等、同等の権利をもつ人びとを等しく扱う正義、えこひいきや身びいきを禁じる公平、自分で倫理規範を根拠づけて遵守する自律といった倫理規範が重視されることは明らかでしょう。第五段階に社会契約論や功利主義を、第六段階にカントの道徳法則を読みとることができることから推察されるように、コールバーグの発達理論は近代の正統的な倫理理論と適合する発達理論なのです(4)。

2　ギリガンの道徳性の発達理論——ケアの倫理

さて、コールバーグ理論にもとづいて研究を進めていたひとに、ギリガンという女性の発達心理学者がいました。ギリガンはどちらも一一歳の男児ジェイクと女児エイミーにハインツのディレンマを話してハインツはどう行動すべきかと問いました(5)。ジェイクの回答はこうです。盗むべきだ。なぜなら、財産よりも生命が大切だから。ハインツが妻を愛しているかどうかは関係ない。いつでも生命は財産より優先される。道徳的な葛藤も数学と同様に原則によって解決できる。これにたいして、エイミーの回答はこうです。わからない。盗んでも捕まったら、誰が妻の面倒をみるのか。妻はショックで死ぬかもしれない。友人や親類はハインツ夫婦をもっと援助できないのか。ひとの命がかかっているのに、ハインツの願いを聞き届けない薬屋の対応はひどい――。

コールバーグ理論の尺度をあてはめれば、場合によっては法を破ってもよいと考えるジェイクは第四段階を脱しているように評価でき、困っている者の懇願や期待に応えないことを非難するエイミーは第三段階のように評価できそうです。だが、ジェイクとエイミーは他の点では同等の知的成熟を示していました。そこでギリガンはこう考えます。エイミーがすっきりした答えが出せないのは、ハインツ夫婦がおかれている状況の細かな経緯やその場に関わる人びと各自の事情を知らないかぎりその状況に適した道徳的な対応は見出せないと考えているからだ。それもまた道徳的思考の発達の証である。だとすれば、尺度のほうが間違っているのではないか、と。ギリガンの調査では、エイミーと似たような反応を少なからぬ比率の女性が示していました。してみると、二つの性の道徳性の発達経路は異なるのではないか。葛藤が生じたとき、男性は状況を抽象化し、類似の状況に共通して妥当する法則を探し、同等の権利をもつ全員を等しくあつかう正義によって解決する傾向が強いのにたいして、女性は細かな脈絡や各人の事情や必要を気づかうことで解決する傾向が強いのではないか。この推察が正しければ、コールバーグ理論は人間一般にあてはまる発達理論のようにみえながら、その実、女性を男性より未成熟に評価しやすい偏向を含んでいるわけです。

そこでギリガンは人工妊娠中絶にたいする対応の調査をもとにして、女性に適合すると彼女が考える道徳性の発達理論を作り上げました。その発達の道筋はおよそこうです。

発達のレベルは前慣習的、慣習的、脱慣習的の三つに分けられます。前慣習的レベルでは、もっぱら自分自身の生活と将来を気づかって、中絶を戒める道徳をたんなる拘束として受けとめます。この自己中心性が次の慣習的レベルでは利己的として指弾され、かわって他人を気づかう社会的責任と責任を担う能力が自覚されます。胎児、胎児の父である男性、自分の親・家族、男性の親・家族等々にとって何がよいのかと配慮します。ところが、慣習的レベルでは、気づかう対象は他者にかぎられ、自分自身の主張が差し控えられます。この態度は自己犠牲につうじます。だが、自己犠牲が耐えうる限度を越えてしまうと、大事にしてきた人間関係は崩壊せざるをえません。だとすれば、自己犠牲を善と考えるのは誤りだ――この認識から脱慣習的レベルが始まります。他者のみならず自分のことを気づかうのは「自分にたいして正しい」[6]。こうして、誰もが気づかわれなくてならない傷つきやすい存在なのだという普遍性の認識が気づかいのなかに組み込まれていきます。

ギリガンは彼女が考案した発達理論をケアの倫理と呼び、コールバーグのそれを正義の倫理と呼んで対置しました。ケア（気づかい）という概念には、相手を大切に思う気持ちと相手のことが気がかりで心配する気持ちの両面が含まれています。

二つの理論はそのもともとの争点であった発達過程の違いだけではなく、道徳的な成熟とはどういうことかについても異なる像を示していることがおわかりでしょう。正義の倫理では、正義、平等、公平、権利、自律といった規範が重視されます。道徳的判断を下す場面では、個別の状況の抽象化、普遍妥当的な原理の追求が重視されます。人間同士は基本的に対等な関係として思い描かれます。成熟とは他者からの分離、独立を意味します。これにたいして、ケアの倫理では、ケア、(相手の必要としていることに気づく)感受性、(相手の訴えに耳を傾ける)応答性、(相手のために自分ができることを行なう)責任といった規範が重視されます。ケアされる側はケアされる必要があり、ケアする側はケアできる余裕がある点で、両者の関係は対等ではありません。道徳的判断を下す場面では、状況の個別性の注視、当事者ひとりひとりへの配慮が重視されます。成熟とは他者を気づかい支える能力、相互に助け合って人間関係を維持していく能力を意味します。(7)

当然、正義の倫理に立つ論者たちから反論が提出されました。第一に、発達の違いと性差との関係を有意に示す証拠はない。第二に、ケアが重視される領域は、家族や友人といった親密な関係にかぎられる。第三に、ケアの倫理の脱慣習的レベルには「正しさ」や「普遍性」が語られるが、これこそ正義の倫理に由来する概念である。これらが主な争点です。

第一の争点。なるほど、ギリガンの調査でも、すべての女性が一一歳のエイミーのように反応したわけではありません。コールバーグ派による調査では、就業上の地位や教育程度の高い女性は正義の倫理のもとで高く評価される反応を示す傾向にあります。のちには、アジアやアフリカでは西欧や米国の白人社会よりも、ケアの倫理の価値観を示す傾向が強いことも指摘されました。異なる倫理的志向は性差よりも文化的差異に対応しているのかもしれません。だがそれなら、コールバーグの理論も人間一般に妥当する発達理論ではなく、文化的な偏向のある理論であるわけです。前節末尾に記したように、コールバーグの発達理論は近代の正統的な倫理理論と親和的です。だとすれば、ケアの倫理は――それが提示した発達モデルよりもそれが描いた道徳的な成熟の像において――近代社会を支配している倫理観、とりわけその個人主義と競争原理にたいして異議を唱えたと申せましょう。

第二の争点。たしかに、共同体主義も指摘したように、親密な関係では正義は最も優先される規範ではありません。だが、正義は公的領域に、ケアは私的領域に棲み分けることができるでしょうか。ケアの倫理は、誰もがケアを必要とする傷つきやすい存在だと認識します。子どもや高齢者はそうした存在のわかりやすい例です。子育てや教育、介護はかつて家庭で行なうのが通例だったとしても、現代では公的領域での営為に入り込んでいます。今は自立できる人間も、いつ病気や障碍のために社会的弱者となるか、わかりません。そもそも社会的弱者という概念は、問題が公的領域にも関わっていることを示しています。さらにいえば、互いに対等な権利主体という正義の倫理が範型とする人間の共同体は、ケアの倫理論者の多くがケア関係の範型とみなす子育てなしには存続できないのです[8]。

第三の争点。ケアの倫理は脱慣習レベルにおいて正義や普遍妥当性をこっそり輸入しているのではないか。この疑念にたいしては、ケアの倫理と正義の倫理とでは普遍性の描き方が違うと指摘しなくてはなりません。正義の倫理は、「すべての人間はxする権利をもつ」というふうにある概念のもとに一挙に普遍性を宣言します。これにたいして、ケアの倫理は、「私は私の近くにいる人びとをケアし、その人びとはまたそのひとの近くにいて私のケアの届かない人びとをケアし、この人びとはまた……」というふうにしてケアのネットワークを編み上げ、すべての人間を漏れなくそのなかにすくいとるようにして普遍性を達成しようとするのです(9)。正義の倫理はケアの倫理にたいして、この網がどこまで広がるかと懸念するでしょう。他方、ケアの倫理は正義の倫理にたいして、概念的な理解だけでは自分の目の前にいるひとの窮状を敏感に感じとることができるのかと危惧《きぐ》するでしょう。

正義の倫理とケアの倫理のどちらも人間生活の重要な一面に関わっていることは明らかです。だが、両者を対比してみえてくる鋭い違いは、両者を総合しようという安直な試みを断念させます。むしろ、私たちひとりひとりがいずれの観点をもとりうるように（どちらも同じ程度にというわけにはいかないにしても）自分自身を鍛えていくべきでしょう。というのも、理論はある考えを結晶化したものにすぎないのにたいして、人間や人生はあるひとつの理論ですべて説明されうるものでなく、その場の脈絡に応じて異なる見方に対応することもできる豊かで（かつ、場合によっては厄介な）存在であるからです。

3　ケアの倫理の異議申し立て

だが、ケアの倫理にどれほど独自性があるのか。状況の個別性の重視は、衡平《こうへい》を説くアリストテレスも指摘しました。アリストテレスに由来する徳の倫理も、共同体主義も、権利や正義を基底におく近代の正統的な倫理理論への異議申し立てです。他者への共感はヒュームも説いています。他者の苦しみへの配慮は功利主義も主張します。それゆえ、これらの立場から出発した論者のなかにも、ケアの倫理に着目しているひとがいます。しかし、これらの先行理論とケアの倫理とのあいだには違いもあります。ケアの倫理は、徳の涵養《かんよう》による人格の完成よりも、人間関係を維持して関係のなかで他者と応答しながら変容していく自己に価値を見出します。身近なひとへのケアをまず説くにしても、それはケアする能力の有限性からであって、文化的歴史的伝統を共有する共同体の構成員を重視しているわけではありません。ケアの倫理は、共感が自他の違いを看過した自己投影になるおそれを指摘します。ただちに社会全体の展望へと目を向ける功利主義の発想に、ケアの倫理は身近な者へのケアを忘却してしまう危険を察知するでしょう。

私のみるところ、ケアの倫理は、その批判の対象である倫理理論やそれが共闘できるかもしれない倫理理論のそれぞれが有しているような堅固な理論をまだ構築していません。けれども、だからこそこの倫理はまさに現代社会における問題提起なのでもあります。現代には、人格を陶冶《とうや》する手本となるような人物を提示したり、人間が生まれ、育ち、老い、死んでゆく人生の範型を教えたりする伝統の力は失われています。人間が傷つきやすく無力な存在だというケアの倫理の指摘は、昔も今もあてはまるとしても、現代に特有の状況があります。個人の自由と自律を唱道するリベラリズムはともすると弱者の放置を抑止する歯止めを欠き、リバタリアニズムの支持する市場原理、経済のグローバリゼーションは功績に応じた配分にあずかれない人びとをいっそう苦境に追いやり、社会全体の幸福の増大をめざす功利主義は弱者への財の再分配を約束しません。そうしたなかで、ケアの倫理が根幹におく人間の傷つきやすさ——乳幼児の子育て、病人の看護、高齢者の介護がまざまざと示しているように、いつでも命を失いかねない傷つきやすさ——の認識こそは、人間と社会について考えるさいにさまざまな主義や価値観の違いを超えて誰もが共通に理解できる立脚点なのかもしれません。この点で、たとえ先行する理論に比べてなお理論面での整備を要するとしても、ケアの倫理は無視できない論点を提起しているのです。

第19章　註

（1）発達段階が序列を成すのは、前の段階の考え方がそこで生じる葛藤に対処すべく再構成されて後の段階が形成されるからです。したがって、上位の段階の者は下位の者の考えを理解できますが、下位の者が上位の者の考えを的確に理解するには困難があります。

（2）コールバーグ、L、『道徳性の形成——認知発達的アプローチ』、永野重史監訳、新曜社、一九八七年［1980］、四九頁。

（3）同上、四八－四九頁。同訳書では justice を「正義」ではなく「公正」と訳しています。倫理学で公正と訳すのは fairness です。

（4）近代の正統的な倫理理論の継承者であるハーバマス（『道徳意識とコミュニケーション行為』、三島憲一・中野敏男・木前利秋訳、岩波書店、一九九一年［1983］、一八九－二一〇頁）やロールズ（*A Theory of Justice*, revised edition, Harvard University Press, 1999, p. 404. 邦訳、『正義論 改訂版』、［初版 1971、改訂版 1999］、川本隆史・福間聡・神島裕子訳、紀伊國屋書店、六〇七頁）は、コールバーグについて自説との違いを示しつつも基本的には評価しています。

（5）ギリガン、C、『もうひとつの声——男女の道徳観の違いと女性のアイデンティティ』、岩男寿美子監訳、

川島書店、一九八六年［1982］、三九頁以下。

（6） Gilligan, C., *In a Different Voice: Psychological Theory and Women's Development*, Harvard University Press, 1982, p. 94（原文は "right for myself"。邦訳では一六五頁に「自分自身にとって正しい」と訳していますが、この訳では主観的で相対的な評価をいっているように誤解されかねません。他人をケアされるべき存在として遇するだけでなく、自分にたいしても同じように遇するというのがこの箇所の本意です）。

（7） ケアの倫理と正義の倫理についてくわしくは、品川哲彦、『正義と境を接するもの――責任という原理とケアの倫理』、ナカニシヤ出版、二〇〇七年、第二部をご参照ください。

（8） ケアなしには子どもは育たない以上、ケアなしには尊重すべき人格も存在しません。そこでヘルドによれば、現象としての人間ではなく本体としての人間のみを尊重の対象とするカントにたいして、「ケアの倫理は逆に、経験界の存在としての新生児を畏敬の対象とする」（Held, V., *The Ethics of Care Personal, Political, and Global*, Oxford University Press, 2006, p. 92.）。

（9） キテイは「誰もがお母さんの子ども」という表現によって、誰もがケアされる必要があるとともに、したがってまたケアするひともそのひとをケアするひとを必要としていることを指摘し、ケアの連鎖を可能とする社会システムを構想しています（キテイ、E・F、『愛の労働あるいは依存とケアの正義論』、岡野八代・牟田和恵監訳、白澤社、二〇一〇年）。

第20章 正義とは異なる基礎（二）――責任という原理

前章にみたケアの倫理は人間の傷つきやすさ、生命のもろさに焦点をあてた倫理理論でした。誰しもケアを要しますが、とくに幼い子どもや病人や高齢者にはケアが必要です。気づかうべきひとりひとりを注視するケアの倫理はこうしたすでに存在している人びと、せいぜい近い将来に生まれてくる子どもまでを念頭におきます。ところが、生命のもろさを思えば、人類全体が絶滅する事態すら想定できないわけではありません。しかも、それは隕石の落下といった自然災害ではなく、二〇世紀より前には考えられなかったことに地球規模で進む環境問題や大量に存在する核兵器といった人間が作り出したものが原因となりうるのです。そのかぎりで、未来の人類がどうなるかは人智人力を超えた運命の問題ではなく、人間の行為の、つまり倫理の問題です。ここに未来倫理という新たな領野が生まれます。

1　世代間正義

これまで言及した哲学者のなかで、討議倫理学者アーペルは早くからその問題を指摘したひとりでした。討議倫理学では、社会のあり方や社会がどのような方向に進むべきかについて、第18章**1**に記した規範に従った討議をつうじて達成された合意によって決定されなくてはなりません。したがって、人類の絶滅の回避とは、実際にそのような討議を行なう場である現実的コミュニケーション共同体の存続の確保を意味します。だが、実際に討議ができる以上、現実的コミュニケーション共同体の構成員は現在生きている世代に限定されるでしょう。すると、とくに環境問題で懸念されることですが、現在世代は自分たちの利益のために未来世代の利益を犠牲にするかもしれません。それを避けるには、現実的コミュニケーション共同体は、未来世代をまだ存在していないゆえに討議に参加できないものの現在世代と等しく討議する資格をもつ者と考えて、未来世代も賛同できるような合意をめざすべきです。すなわち、討議能力をもつ全員に開かれている理想的コミュニケーション共同体を現実的コミュニケーション共同体は先取りしていなくてはいけません。達成すべき目標は人類のたんなる存続ではなくて、正義にかなったしかたでの存続だからです(1)。

ロールズも世代間に成り立つ正義の問題に言及しました。ある世代に生まれたのはそのひとにその値打ちがあるからではなくて運にすぎません。第13章**2**に記したように、運に左右された分配では正義にかなっているとはいえません。したがって、原初状態では自分がどの世代に属しているかも無知のヴェールで覆われなくてはいけません。ところが、原初状態での討議に参加できる者は同時代にかぎられます。すると、異なる世代の利益を配慮しないままで合意が成り立つかもしれません。それを避けるために、ロールズは原初状態の構成員に血統の代表者という意味を付与しました。この条件によって原初状態の構成員たちのあいだに彼ら自身の子孫への配慮が働いて、各世代がその世代の達成した成果の一部を後続世代のために残しておくとする貯蓄原理を採択するでしょう。それによって世代ごとの運不運が是正され、世代間正義の成り立つ道が切り拓かれるというわけです(2)。

アーペルもロールズも、未来世代が現在世代と対等であり、したがってどの世代にも平等の権利を授与すべきだという正義を論拠として未来世代のためを図っています。しかしながら、基本的に対等な関係に立脚する規範である正義では、世代間の問題の本質的特性が看過されていないでしょうか。世代間にある時間の不可逆性がそれです。この特性のために現在世代が一方的に加害者に、未来世代が一方的に被害者になりうるのです。そこを注視すれば、基本的に対等な関係に立脚する規範とは別の規範が呼び出されなくてはいけません。

2　ヨナスの、責任という原理

ここに責任という規範を提示したのがヨナスです。ある存在者 x が別の存在者 y にたいして責任を負うとき、x と y とは対等の関係ではありません。なぜなら、力がある者ほど重い責任を課せられるからです。今、y が生命の危機に瀕《ひん》しているとしましょう。y 自身は自分でその危機を切り抜けることはできません。yが生きながらえるか命を失うかは、xがどうふるまうかによって決まるとします。このとき、xにはyを存続せしめる責任が発生します。(3) 経済活動のありようによっては地球規模で生態系の破壊が進み、地球をいずれ人類の生存しがたい環境にしてしまうおそれがある以上、あるいはまた、核兵器の使用や度重なる原発事故が同じ破局を惹き起こしかねない以上、未来世代の存否は現在世代の掌中にあります。したがって、現在世代は未来世代にたいしてその存続に関する責任を担わざるをえません。こうして責任という規範を根本に据えて、つまり責任を原理にして考えることが未来倫理にとって有効な視点を提供するわけです。

ところが、上述の論法からすると、現在世代の人類には絶滅に瀕している絶滅危惧種の生物についてもそれを存続せしめる責任があるという結論も導出できそうです。いや、人類の未来だけ考えればいいのではないか、その生物種が人類にとって無用のものだったり、それどころか危険であったりすれば、その存続を願わなくてもよいではないか、そう思うひともいるでしょう。しかし、ヨナスはそう考えません。なぜなら、善とはある存在者にとって都合がよいという意味での価値とは異なるからです。価値は相対的ですが、善は相対性を超えています。だからこそ、そうすることがあなたの利益にならなくてもそのことが善であるならば、善はあなたにそれをなすべしと命じる権威をもっているわけです。それでは善とは何か。ヨナスは目的をもつ存在者がその目的を達成することを善と考えます。(4) どの生き物も生の存続を目的としています。それゆえ、人類の経済活動とそれによる環境破壊が他の生物種を絶滅の脅威にさらしているとすれば、上述の論法からすると、人類はその生物種の存続にたいする責任を問われる立場にあります。おそらく異種の生き物を最も多く殺したのは人類でしょうし、自分と同じ種の命を最も多く奪った生き物は間違いなく人類です。しかしながらそれにもかかわらず、ヨナスによれば、人類は存続すべきです。なぜなら、この世界のなかで責任を自覚できるのは人類だけであり、責任を担う者、責任を果たしうる者が存在することこそが何よりまず果たされなくてはならない責任だからです(5)。すなわち未来倫理とは、子孫の存続を願う人類の欲望を根拠にしてどうしたら人類が生き延びられるかを算段することではなく、人類が存続すべきだとすればその理由は何かというまさに倫理の問題であって、ヨナスはこれにたいして、地球環境を左右する力を手に入れた人類はその力ゆえに人類とその他の生物種が存続するように配慮する責任を果たすべきだと答えたわけです。

ところで、ヨナスは『責任という原理』という著作のなかでは上述の論考を神とは関連づけずに展開しました。環境破壊に対処するために現在世代の責任という考えを現代の価値多元主義社会に広めるには、神をめぐる特定の考えを入れないほうがよいからです。だが、彼はまた神についての固有な思索を展開したひとでもありました。二〇世紀初頭にドイツに生まれたユダヤ人の彼は母親を強制収容所で失いました。ヨナスは数百万のユダヤ人が殺されたホロコーストの神学的意味を問わずにはいられませんでした。すなわち、歴史を支配する者とされるユダヤ教の神が、なぜ、ホロコーストを黙過しえたのか。神をどのように考えたならそのことを説明できるのか。ユダヤ教の伝統では、神は善なる神、全知全能の神、啓示を通して理解可能な神です。善なる全知全能の神がホロコーストをなすに任せたということは理解不可能です。それゆえ、ヨナスは神の全知全能を否定しました。ヨナスは、神はこの世界を創造するために力を蕩尽《とうじん》してしまい、その後の世界の展開に介入できなくなったと説明します。そこで神はこの世界のなりゆきを――とりわけ被造物のなかに唯一自分で考えて行動する人間が進化の過程で登場してからは人間の所業を――気づかいつつ見守るほかなくなりました。しかしそれは反面、神がこの世界の自律を、人間の自律を許したことを意味します。人間は責任を自覚できるとしても、だからといって責任を果たすとはかぎりません。したがって、人間は責任を担うか投げ出すかをつねにそのつど問われているわけです。突然変異と自然淘汰を通してたまたま自分たち人類が存在する機会をえたこの世界を自分たちで荒廃させ破壊してよいのか、それを阻む行動をとることで今こそ人間はこの世界を創造した神に応えるべきではないかと、ヨナスは呼びかけているのです(6)。

3　レオポルドの土地倫理

ヨナスの責任原理では人間以外の生き物が倫理的考察の範囲に入っています。功利主義も動物を倫理的配慮の対象としましたが、功利主義は苦痛の軽減を根拠としますから、感覚能力をもつ動物の個体が配慮の対象です。これにたいして、ヨナスは地球規模での生態系を対象としています。これに関連してやはり生態系の維持を説くレオポルドの土地倫理に言及しておきましょう。ただし、この理論は、結果的にその効果につうじるとしても未来倫理をめざすものではなく、また責任ではなくて正義という概念に立脚します。

レオポルドはもともと哲学者ではなく生態学者です。ある生態系のなかに生きている生き物は食物連鎖によって互いにつながっています。食物連鎖の頂点に立つ生物種も、死後、死体を分解する生き物の餌となります。食物連鎖を通して生き物のあいだでエネルギーが循環しているわけです。この回路は閉じていません。植物は水と空気中の二酸化炭素によって太陽光のエネルギーを使って光合成を行ないます。水はすべての生き物の体内に、空気中の酸素はほとんどの生き物の体内にとりいれられます。土壌の養分は土中の動物によって供給され、植物に摂取されます。したがって、生き物からなる食物連鎖によるエネルギー回路をさらにまた空気、光、水、土壌といった無生物を含んだエネルギーの循環回路が包み込んでいます。こうしたエネルギーの循環回路全体を、レオポルドは土地と呼びました。

土地なしにはそこに生きるどの生き物も存続できません。したがって、レオポルドは土地の維持への寄与が善であり、土地の破壊の助長を悪と考えます。土地を維持するにはすべての構成要素が不可欠です。ただし、特定の生物種が増えすぎても減りすぎても食物連鎖が壊れます。したがって、その土地のなかにどの生物種も適切な個体数だけいることが、その土地においてその生物種が分配的正義にかなった取り分を占めていることを意味します。人類もまた土地という共同体の一構成員、一市民であることを免れません。レオポルドはこの認識を「仲間の構成員にたいする尊敬の念の表われであると同時に、自分の属している共同体への尊敬の念の表われでもあるである」[7]と記しています。だが、人類は生態系と食物連鎖を変容して生きている存在です。その人類が何をなしえ、何をなすべきなのか。他の生物種と違ってただ人類のみにできることは、生態学の知識にもとづいて意図的に土地の維持に貢献することです。土地倫理に従えば、それこそが人類の果たすべき役割です。

4　人間を超える審級へ

第12章で審級という概念に言及しました。人間の行為の善悪がそこで問われ、裁定される場という意味です。本章1にとりあげたアーペルやロールズでは、正義という規範にもとづく考察は基本的に対等な関係にある人間同士の関係を超え出ていません。人間が審級です。これにたいして、ヨナスでは責任の概念と彼の自然哲学を通して、レオポルドでは土地の概念を通して、他の生き物と人類との関係が視野に入ってきます。それと同時に、人間のあるべきあり方が人間だけを顧慮する次元を超え出た次元で問われています。レオポルドでは土地と名づけられた自然が審級です。ヨナスでは進化をつうじて展開してきた存在者全体が審級です。しかも神をめぐる彼の考察を考え合わせれば、人間は神の前でその行ないを問われることになるでしょう。

人間のあるべきあり方を自然全体のなかに位置づけたり、神との関係のなかに位置づけたりする思考は新しいものではありません。むしろ、古代や中世ではまさにそうした思考をしていたことは第5章に瞥見《べっけん》した通りです。その思考を否定した近代の機械論的自然観は人間だけが価値や規範をもつと考え、その価値や規範のもとで自然の操作と統御を進めてきました。その結果、地球全体の帰趨《きすう》に深刻かつ不可逆な影響をおよぼすまでに、人間は力をつけてしまいました。だからこそ今ふたたび、人間が存在することがそのなかではじめて可能となる全体のなかに人間を位置づける思考が提起されるようになったわけです。たんに地球規模での環境破壊という問題の緊急性のために促されるだけではありません。むしろ、人間同士のあいだでは正しいとみなされるふるまいが、人間以外の自然というその外部からみた場合には不正でありうるという論理的かつ倫理的な可能性のためでもあります。正義の適用される範囲の内部でいかに正義が成り立っていても、その範囲の外部からみるとその正義は一転して不正義に転化しうる——この論理構造については、章を改めて次章で論じることにいたしましょう。

第20章　註

（1）アーペル、K-O、『哲学の変換』、磯江景孜ほか訳、二玄社、一九八六年、三〇一頁。

（2）Rawls, J., *A Theory of Justice*, revised edition, Harvard University Press, pp. 252-262（邦訳、『正義論改訂版』［初版1971、改訂版1999］、川本隆史・福間聡・神島裕子訳、紀伊國屋書店、二〇一〇年、三八三-三九八頁）。残すのはお金ではなく設備や制度や技術、それに知識や文化です。世代ごとに豊かさは違うので貯蓄率は一定になりません。しかも、貯蓄原理の目的は後続世代がいっそう豊かになることではなく世代間の不公平を正すためですから、貯蓄を必要としない可能性もあります。

（3）ヨナス、H、『責任という原理——科学技術文明のための倫理学の試み』、加藤尚武監訳、東信堂、二〇〇〇年［1979］、一六五頁。

(4) 同上、一四一－一五五頁。
(5) 同上、一七五－一七六頁。
(6) ヨナスの神についての思索は、『アウシュヴィッツ以後の神』、品川哲彦訳、法政大学出版局、二〇〇九年を参照。生き物に目的を帰するヨナスの自然観は、第5章に記したアリストテレスの目的論的自然観に戻るかのようにみえます。しかし、進化という概念を含むヨナスの自然哲学はその点で不変の本質や形相を想定する古代・中世の思想と異なります。
(7) レオポルド、A、『野生のうたが聞こえる』、新島義昭訳、講談社、一九九七年［1949］、三一九頁。

第21章 正義概念の脱構築
――レヴィナスとデリダ

ヨナスと同様にホロコーストによって親族を失ったレヴィナスもまた、人間が生きるということを根本に据えて思索を展開しました。その先にはそれまでになかった他者論が提示されます。本章では、レヴィナスと彼の歓待概念を継承したデリダとに言及し、対等でそれゆえ原則的に同質な者の関係を根底におく正義概念とは異質な正義概念をとりあげます。

1 同と他――レヴィナス

ヨナスのいう「必需と一体の自由」と同様に、レヴィナスも「依存による自存性、それが自我であり、被造物としての人間である」(1)と喝破します。依存とは、自分ではない他なるものを糧とし、それによって生きることにほかなりません。私は世界のなかにある私の生を支える物質、元基(2)を私のなかに取り入れ、私に同化させることによって命を養います。だが、人間は一過的な消費をするだけにとどまらず、労働によって世界のなかから元基の一部を囲い込み、所有し、それによってわが家を築いて、近づく死を先延ばしします。というよりもいっそう正確にいえば、人間は世界のどこに生きるとも、その場をわが家に変えてしまい、わが家を通して世界全体をみる——つまり、世界を私が生きるのに利用できるもの、私の世界とみなすのです。私と異なる他なるものを摂取することは私の生を維持することだから私にとって享受であり幸福です。しかし、人間は生きるための必要最小限を超えて、有用性とは無関係に消費したり、さしたるわけもなく消費したり、消費するがために消費することさえあるのですから、自分と異なる他なるものを私のなかに取り入れて自分に同化するということそのことをすでに喜びとしているわけです(3)。

けれども、私が生きながらえるためとはいえ、私がこの世界を私だけの利用に供しうるわが家のように捉える正統性はあるのでしょうか。私はわが家を通してこの世界に土着しますが、私が世界のどこにおいてもわが家を築くのである以上、私はこの場に滞留しているにすぎず、ここを故郷と称する特権もありません。しかしまた、こうした問いはどこから生じたのでしょうか。私は、あたかも手に触れるものすべてが黄金に変わるというギリシア神話のミダス王のように、私と異なるすべてを私のためのもの、私と同化しうるものとして捉えているのですから、そのような問いをみずから思いつくことはありえません。「同の審問が同の自我中心的自発性においてなされることはありえない。同の審問は他によってなされるのだ。他者の現前によって私の自発性がこのように審問されること、われわれはこれを倫理と呼ぶ」[4]。ここにいう他者はこれまで述べてきた私に同化されうる私と異なる他なるものではありません。私によってけっして同化されないという意味で他者なのです。この意味での他者とは、いいかえれば、私が自分のものとして享受している糧が私ではなくそのひとが生きるための糧でありうるような存在のことです。私がそれをわがものとするとはとりもなおさず他者からそれを奪うことです。それゆえ、他者はよるべない存在であり、「異邦人、寡婦、孤児」[5]と表象されます。したがって、他者の現前とは、「私が嬉々として世界を所有することにたいして呈される異議」[6]にほかなりません。他者は言説を通して、平たくいえば、どうして私が世界をわが家とみなすことができるのかという問いとして現われます。他者は私によって同化されえないのですから、私は自他に共通する論拠に訴えて論駁《ろんばく》することはできず、したがって、他者の言説は、上から、教えとして私にふりかかってきます[7]。問いに曝されて私は自分の暴力性に向かい合わざるをえません。

社会契約論と対比してみましょう。社会契約論であれば、他人が私の所有に異議を唱えたなら、私は誰のものでもない自然から私だけの労働によってそれを入手したと反駁《はんばく》できます。逆に、他人がそうして入手したものについて私の異議は無効です。ロックの労働所有論（第12章）に明らかなように、その前提は、自然は人類に与えられたのであり、私と他人は等しく人類の一員であり、労働が所有（とそれに引き続く享受と）を正当化するということです。ですから、労働を権原（第14章**1**）とする分配的正義にもとづいて世界の一部をそれぞれの取り分として分け合うことで争点は決着します。ところが、レヴィナスの論証はこれらの前提を共有していません。糧は私が入手する資格のあるものというよりも私にとって恵まれた贈与です。私と他者は人類という共通の類の一員ではありません。なぜなら、私が世界を私の世界とするかぎり他者は排除されるのであって、それゆえ、「私と君、この二つのものは同じひとつの概念に属する個体ではない[8]」からです。この他者はその意味で、私が、仲間としてであれ敵としてであれ、その心中を推測し理解したつもりになれる私と似た存在ではありません。レヴィナスはこの「私の内なる他人の観念をはみだす[9]」他者を顔と呼びます。私が意識するにせよしないにせよ、顔は私の所行をみつめています。

2　歓待――レヴィナス

それでは、他による同の審問から端を発する倫理とは何を示唆しているのでしょうか。

否定的な面からとりあげましょう。他者は私の享受を審問する煩わしい存在です。ですから、「他者とは私が殺したいと意欲しうる唯一の存在者[10]」です。これにたいして、他者の顔は「汝、殺すなかれ」と命じます。他人ならその身体を傷つけて殺すことはできるにしても、この意味での他者を殺すことは肉体的にはできません。というのも、それはたとえていえば私の所行をみつめるまなざしのようなものですから、殺人でそのまなざしを拭い去ることはできないからです。とはいえ、私が自分と異なる他なるものを自分に同化しようとする欲求《ブソワン》の充足に埋没して、顔の訴えに耳を貸さずにこれを無力化するように（そうすることによって実質的に死に至らしめるように）努めることは可能です。それゆえ、「汝、殺すなかれ」という命令はなお意味をもちます。

しかしまた肯定的な面もあります。他者による審問に曝されることによって、私には私が自分と他なるものの享受を欲求《ブゾワン》しているかぎりはけっして思いもつかないことを果たす道が指し示されます。それはすなわち私の所有を、世界を他者にさし出すことにほかなりません。私の自我中心性はそれによって破砕します。ところが奇妙なことに、人間はわが家から外へ、自己の同から他へと向かいたいという気持ちをもっています。これは他を同化せしめる欲求とは向きが正反対です。レヴィナスはこれを欲望《デジール》と呼んで区別します。欲望に従って、世界を他者にさし出し、他者に仕えるというそのことは、この欲望も自己に由来するゆえ「自己に即して存在すること」「善良であること」[11]とも表現されます。

第8章ではカントの思想のなかに自己超越をみました。対比しましょう。カントでは私ひとりの幸福を願う傾向性が、レヴィナスでは同化する欲求が退けられます。レヴィナスは「自我中心的な感性的体験とはまったく異なる連関[12]」におもむくことによって倫理的となるという点をカントと共有しています。両者はともに、人間は何もかもが自分の思うままになることをたえず懇望しているとしても、しかしその充足だけでは満ち足りず、むしろその飽くなき欲求を超越したところではじめて自分自身との調和、心の安らかさを見出すことができると指摘します。しかしながら、カントでは、私は私の格率がいつでもどこでも誰もが採用しても矛盾しないか、すなわち普遍的道徳法則になりうるかという基準によって吟味し、その基準を満たせばその格率に従って生きるという自律によって傾向性による支配を克服します。それによって、私は感性的存在である現象としての人間ではない本体としての人間たりえます。私以外の理性的存在者も同様に本体的人間たりえます。これらの存在者は目的の国の成員であり、その関係は対等で、普遍的道徳法則に従うという意味で同質です。これにたいして、レヴィナスでは、私を倫理的なものへといざなうのは私ではなく他者であり、達成される正しさとは私と他者が対等な存在としてお互いを承認することではなくて私が他者に仕えるということにほかなりません。この自他の非対称性は「私が自分自身にたいして要求しうるものは、私が他者にたいして正当に要求しうるものとは比べようもないほど大きい[13]」とも表現されます。この表現は、一見すると、義務を超えた行為（supererogation）を意味しているかのようです。だが、そう表現するのは適切ではありません。どこまでが義務かを決めるのは自他に共通の原則ですが、レヴィナスでは、そもそも他者は私と同質で対等な者ではないからです。社会契約論は、あるいは功利主義もまた、最初から自他を等しい存在とみなす地点に立って論証を展開します。カントでは、第8章にその解釈を示したように、みずからのうちに見出した人間の尊厳、本体としての人間が他者の意味をもっています。ヘーゲルでは、私を否定する者として出会われた他者は弁証法の進展のなかで私がその他者が私に突きつける否定を否定することで自己のなかに回収されます。レヴィナスの語る他者は、しかし、これらの倫理理論とはまったく違う他者です。この他者にたいする適切な対応とは、他者をそのまま無条件に迎え入れる歓待のほかにありえません[14]。

3　法と正義――デリダ

レヴィナスのこの歓待という考えを共有する哲学者にデリダがいます。

私たちは何らかの共通性や類似性によって互いを結びつけて集団となります。その集団内部の秩序を維持し、それによって集団を存続させるために、その内部を治める規則、法を定めています。集団を家と呼べば、家の法です。ギリシア語では、家はオイコス、法はノモスですから、家の法とはオイコノミア、つまり経済《エコノミー》を意味します。この意味での経済は、法の定める基準に従って、集団の内部の成員のそれぞれに（なにぶん法によるのですから当然）正当な取り分を公正に分配します。具体例を出しましょう。たとえば、日本国憲法二五条は国民の各人に健康で最低限度の生活を営む権利を認め、生活に困窮する国民はこの生存権を基礎とする生活保護法の定める基準に従ってさまざまな扶助を与えられます。あるいはまた、日本の国民皆保険制度では、保険の加入者たる国民はその医療費の負担の一部を補塡《ほてん》されます。しかしながら、法は家の法なのですから、家の外部にいる他者、国家にとっての異邦人には適用されません。それはそれが法であるかぎりは正しい処置です。というのも、法や権利とは、「安定させておくことのできる、規約にかなった、計算可能な装置として、また規則正しく整えられてコード化されたもろもろの指示の体系としてなされる正義の行使」[15]にほかならないからです。集団の外部に適用すれば、生活保護制度でいえば国民の税からなる財源、国民皆保険制度でいえば国民が納入した保険料からなる財源が不安定になり、制度の維持が予測しがたくなってしまうでしょう。ですから、生活扶助では役所の窓口で、健康保険では医療機関の受付で、まず受給される権利、資格の証明が求められます。しかし、このような措置が講じられるようになったもともとの出発点は困窮や病苦だったはずです。だとすれば、受給資格のない者の窮状は放置するのが正義なのか。この問いを思い浮かべるやいなや、法が集団の内部にたいしていかに公正に適用されていても、事態は集団の外部からは一転して不正義にみえる可能性に気づくでしょう。その事態を打ち砕く正義があるとすれば、それは法の埒外《らちがい》にいる者に応答することにほかなりません。すなわち、わが家の法を他者に押しつけ、他者が私たちと同様に糧を享受する資格があるのかどうかを私たちの評価基準に従って審査してから糧を分け与えるのではなく、他者を私たちと同化しようとせずにわが家に招き入れる歓待こそが正義です。というのもほんとうの歓待とは、わが家の主人が私ではなくて客がこの家の主人であるかのようにもてなすことだからです。したがって、ここにいう正義とは前述の意味での法とは対極的に、「無限であり、計算不可能であり、規則に反抗し、対称性とは無縁であり、不均質であり、異なる方向性」[16]をもつものなのです。

これは通常考えられているのとはまったく異質な法と正義の概念です。通常、正しいこととは全員が自発的に合意できることであり、その正しいことを現実化する――実効性をもたせる――きまりが法と呼ばれます。そのようにしてすでに決まった法を遵守することが正しい態度と考えられています。しかし、デリダの指摘によれば、法の遵守に安住することは正義ではなく、むしろ不正義に陥ります。自分たちの奉じる法を批判する外からの声につねに曝されて、批判に耳を傾け、聞きとどける態度こそが正義です。

本書は「これから倫理学の話をいたします。倫理を説くのではありません」ということばで始まりました。この対概念をデリダの対概念に関連づけることができるなら、倫理が法に、倫理学が正義に対応します。もっとも、レヴィナスの用語では倫理と倫理学はそのように区別されていません。また、倫理学の問題提起はつねに他者から発するといえるのか、倫理学の理論もまた同の擁護を演じたことがあったのではないかという問題も残ります。とはいえ一言書きそえれば、本書が語ろうとしてきた倫理学とは、既存の倫理がいかに正しくみえようとも、その正しさへ向けられた疑念を受け止め、あらためて問い直す営みにほかなりません。

第21章　註

(1) Levinas, E., *Totalité et Infini. Essai sur l'extériorité*, Martinus Nijhoff, 1971［1961］, p. 87（邦訳は、『全体性と無限――外部性についての試論』、合田正人訳、国文社、一九八九年、一六六頁）。

(2) 元基（élément）はまずは私たちをとりまく本質的に誰のものでもない環境として現われますが、労働を通して「私によって開墾された畑、私が釣りをし船を舫《もや》う海、私が木を伐る森」（Ibid., p. 104. 邦訳、同上、一九四頁）というふうに飼い馴らされ、私の利用する事物となります。

(3)「ひたすら消費することだけをめざす純粋な消費として享受すること、それが人間性だ」（Ibid., p. 107. 邦訳、同上、一九七－一九八頁）。「生きることはたんなる戯れあるいは生の享受なのである」（Ibid. 邦訳、同上、一九八頁）。生はその苦しみを含めて根本的には喜ばしいものです。「最初の楽しき肯定とは生きることである」（Ibid., pp. 116–117. 邦訳、同上、二一四頁）。

(4) Ibid., p. 13（邦訳、同上、四六－四七頁）。

（5）Ibid., p. 49（邦訳、同上、一〇五頁）。
（6）Ibid., p. 48（邦訳、同上、一〇三頁）。
（7）Ibid., p. 146（邦訳、同上、二六〇頁）。
（8）Ibid., p. 9（邦訳、同上、四〇頁）。
（9）Ibid., p. 21（邦訳、同上、六〇頁）。
（10）Ibid., p. 173（邦訳、同上、三〇〇頁）。
（11）Ibid., p. 158（邦訳、同上、二八〇頁）。
（12）Ibid., p. 167（邦訳、同上、二九一頁）。
（13）Ibid., p. 24（邦訳、同上、六五頁）。
（14）Ibid., p. 147（邦訳、同上、二六二頁）。また、デリダ、J、『歓待について——パリのゼミナールの記録』、廣瀬浩司訳、産業図書、一九九九年［1997］、九八頁。
（15）デリダ、J、『法の力』、堅田研一訳、法政大学出版局、一九九九年［1994］、五二頁。
（16）同上。

第22章 倫理学と真理論

ここまで読まれてきて、真理ということばが本書にほとんど使われていないことをいぶかしく感じた方もおられるかもしれません。最後に、その点について付記しましょう。

1 デカルトによる真理観の転換

日常的には、真理とは、私の考えが私とは独立に存在しているものに的中していることを意味します。「この刺身は鯛《たい》だね」という判断は、その刺身が実際に鯛であれば真で、他の種類の魚であれば偽（間違い）です。この真理観は、哲学の歴史のなかでは、「真理とは知性とものの一致である」と言い表わされます。ただし哲学が目標としているのは、刺身の種類を当てるといった今ここにあることのものの認識ではなく、認識を可能にしているものの究明です。それゆえ、たとえば、プラトンやアリストテレスでは第3、5章に言及されたイデアや形相《けいそう》というふうに、あるいは本書では言及していませんが、中世では人間という暗愚な存在に真理が洞察できるように光をあてる神の照明というふうに、人間が真理を認識することを可能にするものとして人間を超越するものがもちだされました。

このような真理観を一変させたのがデカルトです。学校を終えたデカルトは、既存の知識は真理でありそうにみえて実は基盤があやふやで真理といえないのではないかという疑念を抱かざるにはいられませんでした。そこで彼は、ほんとうに疑いえない真理を発見するには、一生に一度はすべてを疑ってみないといけないと決意します。私たちが真理とみなすものは、通常、私たち自身が感覚したことか他人が感覚したことについての伝聞に由来します。だが、感覚には錯覚ということがありえます。一度でも欺いたものを信頼することはできない——そうデカルトは心に固く決め、感覚に由来する知識をすべて斥けます。だが、感覚を信じないとは、私の目の前にあるもの、手で触れるものも存在していないと思うことにほかなりません。他人の存在も感覚を介して知られるのですから疑われます。「通り行く人びとを窓越しにながめる。（中略）しかし私が見るのは帽子と衣服だけではないか。その下には自動機械が隠れているかもしれないではないか」(1)。いやそれどころか私の感覚と分かちがたく結びついているゆえについぞ疑うこともないこの私の身体の存在をも疑わざるをえません。常軌を逸した思考実験と思われるでしょう。とはいえ、夢のなかではどれほど荒唐無稽《こうとうむけい》なことでも真実だと感じます。だとすれば、私がまぎれもなく現実と思い込んでいる今のこの状況もまた夢なのかもしれません。それゆえ、感覚に由来する知識はすべて斥けるべきです。だがそれなら、感覚に由来しない知識、たとえば数学や幾何学や論理学の知識であれば、夢のなかでも依然として真理でありつづけるのではないか。しかし、デカルトはここで、私を欺く悪しき霊が存在していて私が考えるときに私をいつも誤るようにしむけているのではないかという可能性を想定します。だとすれば、私の知識の一切は信ずるに足りません。世界が存在していることも、いや（感覚を通して確証される）私自身が存在していることも疑われます。けっして疑いえない真理を求める試みはこうして私をいかなる真理も見出せない真っ暗闇のなかへと突き落とします。

しかしながらここに逆説的にも、確実にいえることがひとつ、しかもひとつだけ確保されます。なぜなら、私が世界も私も存在しないのではないかと疑っているそのことは疑えないからです。一般化すれば、「私は「これは……である」と思っている」の「これは……である」の部分は真理だとはいえませんが、「私がそう思っている」ことはまさに今私のしていることとして確かです。デカルトはこの事態を「我思う、ゆえに我あり」と表現しました。(2) こうして唯一の真理と、それに応じて「「これは……である」と考えている私」の存在とが確証されます。だがそれだけです。私の考えている内容（「これは……である」）は依然として真理ではありません。

けれども、そもそもどうして私は私が誤っているのではないかと疑うのか。それは、けっして誤らない完全な認識がありうるということに私がなんらかのしかたで気づいているからではないか。でも、私はどうしてそのことを知ったのか。私の考えは、私が私とは独立に存在していると、通常、みなしているものから由来するか（たとえば、感覚を通して受容される人間の体や馬の体）、あるいは、私が自分で作り出したか（たとえば、馬の胴体と人間の上半身を結びつけて想像したケンタウロス）、いずれかです。不完全な認識者である私に完全な認識を想像することはできません。それゆえ、完全な認識は私とは独立に存在するものに由来するはずです。そういう存在者を感覚が教えたはずもありません。そもそも感覚は誤りうるから斥けられたのですから。したがって、完全な認識をするものは私とは独立に、しかも感覚に由来せぬゆえに感覚への疑念を免れて、ですから確実に存在しているはずです。信仰の対象ではなくて、けっして誤らない者という意味でこれを神と呼びます。神は前述の私を欺く悪しき霊ではありません。なぜなら、欺瞞《ぎまん》とは無力な者のすることで、神は完全だから欺く必要がないからです。だとすれば、神がそのように誠実である以上、私が考える「これは……である」が誤りではなくて真理である可能性もありうることになるでしょう。

だが、それでは逆に、なぜ私は誤るのか。私の知性が「これは……である」と想定し、私の意志が「そのとおりだ」と肯定するとき、私はこの判断を真理だと思います。だから、知性が十分に理解できていないことを意志が肯定してしまうと誤りに陥ります。したがって、真理を獲得するには、私は事態の明晰《めいせき》な理解と十分な証拠を用意しなくてはなりません。

「知性とものの一致」という真理観はもともとひとつの難題を含んでいます。私とは独立のものと私の知性との一致を確認しようにも、そもそもどうして私は私とは独立のものに近づきうるのでしょうか。ところがこの難題を、「私は「これは……である」と思っている」の圏域のなかで真理を考える真理観は免れています。この真理観によってデカルトは主観性を根底におく哲学すなわち近代の哲学を切り拓きました。とはいえ、完全な認識者としての神が真理の客観的に存在していることを保証している点にもご注意ください。

2　フッサールの間主観性ないし相互主観性

一九世紀は、第8章**3**に言及したように形而上学から実証主義へ転換した時期であり、かつまた鉄道や電話や動力機関の発明に象徴されるように実証科学にもとづく自然にたいする技術的な操作が格段に進み、それ以前と比べて飛躍的に物質的に豊かになった時代でした。しかし、この成功の陰で学問の基礎への問いが忘却されているのではないか――二〇世紀初頭にそう考えたのがフッサールです。そこで彼はふたたびデカルト的懐疑を試みます。周囲の物や他人や私の身体の存在が疑われ、「我思う、ゆえに我あり」に行き着く過程はデカルトと同様です。ただし、フッサールは感覚が教えるものを否定するのではなくて真とも偽とも判断を中止したまま保持します。すると、私が「これは……である」と思うものは、視覚を例にとれば、いわば「私からは……のようにみえる」ものという意味を帯びて残ります。視覚以外の知覚も特定のパースペクティヴからなされます。つまり「……から」の「……」に入る地点からなされます。明らかに、この地点は私の身体の位置を示唆しています。ですから、フッサールの考察がとりだした我は、デカルト的懐疑によってその身体の存在を疑われながらもなお身体の位置に規定されているのです。私にそうみえるという判断が真理である保証はありません。すべてはまだ私にそうみえているにすぎないからです。ところが、私の視野のなかには、私の身体と似ていて、私がある心理状態にあるときに私の身体がそういう身振りをするであろうような動きをする物体が現われます。その物体の動きと心理状態とが結びついた瞬間、つまりその動きはある特定の心理状態を表現していると思った瞬間、私はそこに私とは別の我（他我）の存在を確信します。[3] 他我もまた自分で判断を下しています。そこでもし、私が私のいるここからみて判断していることと他我が他我のいるそこからみて判断していることとが一致すると確認できたなら、私の判断が（のみならず他我の判断もまた）たんに自分だけの思い込みではなくて真理であることが確証されます。

　こうしてフッサールはデカルト的方法に倣いながらデカルトとは異なる真理観に到達しました。私の考えが私のたんなる思い込みではなくて真理であるために他者を必要とするという論理構造は共通です。しかし、デカルトにおける他者すなわち神は不可謬であるゆえに、誤りがちな私と対極をなす点で私の他者です。神はつねに真理とともにあるのですから真理の客観性を保証します。これにたいして、フッサールにおける他者すなわち他我は、私が複数のここを同時に占めることができず、かつまた複数の身体が同一の位置を同時に占めることはできないという意味で私の他者ですが、私と同じく誤りうる人間です。したがって、私と他我とが一致したところで、その真理は神が認識するように永久不変であるとは保証されません。さらにまた別の他我の登場によって修正される可能性が残っています。それゆえ、この真理についてもはや客観的という表現はふさわしくありません。そのかわりに、真理は複数の主観のあいだの一致であり、相互の修正をへての一致であるという意味で間主観性ないし相互主観性という新たな概念が登場します。客観性から間主観性へのこの変容は、真理の値打ちが軽くなったかにみえますが、しかし、人間を超越したものに訴えることなく、真理の基礎は人びとの合意にあるとする点で、近代の哲学すなわち主観性の哲学が進むべくして進みえた到達点でもあるのです。

3　実証主義の真理観

一九世紀に登場した実証主義の主張では、真理とは何よりもまず経験や観察によって確証されうるものでした。批判の矛先は、観察や経験は誤りやすい感覚に依拠した手段であって、そういうものに頼らず理性のみによって考察されるものこそが真理だと考える形而上学に向けられます。実証主義の真理観を倫理理論にあてはめれば、形而上学を基礎とする倫理理論はすべて、真理であるとは主張できない考えに立脚した理論だということになるでしょう。本書で紹介した思想でいえば、プラトン、アリストテレス、神の啓示にもとづく神学的倫理理論（第5章のトマス）、すべての人間に備わっている理性が一致して認識できると想定されている自然法を援用する理論（トマスや第4章のホッブズや第12章のロック）、叡智界と現象界の区別に依拠するかぎりでのカント（第8章）、歴史を絶対精神の自己展開として考えるヘーゲル（第17章）はすべて、実証主義からするとその真理性が疑われます。

実証主義は二〇世紀になって論理実証主義という論陣に継承されました。第2章に言及した情動説の見解はこの陣営に属します。それによれば、倫理的判断は命題、すなわち真偽を一義的に決定できるものではありません。真偽を一義的に決定できるとは、経験や観察によって実証できるか、それとも、論理的整合性の有無によって判定できるかのいずれかをいいます。倫理的判断は、ある行為を命じてまだ存在していない事態を成立させるように促しますから、むろん論理的整合性だけではすみませんし、対応する事態がまだ存在していない点で（経験や観察で実証できる）事実についての判断とも違います。第2章に記したように、「核兵器をなくすべきだ」という倫理的判断は、過去や現在の世界に存在する事態に対応していないので、経験や観察によっては真理として証明できないと同時にまた偽であると否定することもできません。だとすれば、倫理的判断には真偽がないのです。

第6章で紹介した一八世紀のヒュームもまた、（真偽を判定する）理性と（是非を区別する）感情とを対比して倫理的判断の究極的な基礎を感情においた点で、倫理的判断について真理という概念を用いない立場に属します。ただし、情動説が倫理的判断をそれによって判断されている事態にたいする個々人の是非の表明とみなすのにたいして、ヒュームでは共感の働きですべてのひとが一様に是非の判断を下す可能性を重視している点に違いがあります。

このように実証主義的な真理観に従えば、倫理について真理ということばを用いるべきではありません。もちろん、だからといって倫理は無用の存在だと主張しているわけではありません。真理について語りうるのは（一九世紀以後に現代の私たちが表象するような意味となった）科学の領域においてであって、これにたいして倫理は、私たちの生き方や社会生活にとって不可欠であるゆえにどれほど重要であったとしても、科学とは別の営みなのだと指摘しているのです。

4　言語論的転回

実証主義は経験や観察によって証明せずに神や人間の自然本性をもちだして真理を語ることを否定しました。ところで、外から観察できないという点では、心のなかで思っていることもまさにそれにほかなりません。ただし、それがことばで表現された場合には、他人もそれを理解することができます（それどころか、録音したり文字にしたりすることで物理的にすら同定できます）。こうして二〇世紀初頭に哲学は――その動向は実証主義的傾向によって促されたものであるにせよ、実証主義に与さない哲学者をも含めて――それまでの理性や精神や意識といった主題にかわって言語を主題にするようになりました。[4] これを言語論的転回といいます。倫理学もこの動きと無縁ではありません。第2章に記したメタ倫理学の興隆はまさにこの動向の成果です。同章に述べたように、ムアは未決問題論法（第2章註（2））という方法によって功利主義に手痛い一撃を食らわしました。

心のなかで思っていることは、通常、その本人にしかわからないとみなされています。[5] これにたいして、言語に表現された主張については賛成したり反対したり、さらには反論と応答を通して互いに合意できる判断を築き上げることも可能です。前述の間主観性の真理観を採用すると、ここに真偽の区別が成り立ちます。すなわち、その見解が合意されれば真理であり、その見解に反論が出され、その反論にたいして疑問や論駁《ろんばく》がもはや出なくなったならその見解は偽であることが確定します。

科学についても同様です。実証主義をあまりにも素朴に受けとれば、真理とは経験と観察さえすれば誰の目にも明らかなことのように思えるかもしれません。しかし、実際にはそう簡単ではありません。たとえば、断層撮影に映る病巣はなるほど目にみえます。だが、医学の専門知識を修得したひとだけがそれを病巣とみることができるはずです[6]。したがって、科学の真理は、たんに経験や観察にもとづくというのではなくて、むしろ科学的論証を論じる能力をもつ人びと、つまりその専門分野の修練を積んだ科学者たちが討議を通して合意に達することによって確立するのだと考えるほうが正確です。すなわち、実証主義的な真理観は、実質的に、間主観的な真理観のなかに吸収されていきます。

それでは、倫理的な主張についてはどうでしょうか。あるひとが倫理的な立場を表明し、他の人びとがそれに賛同するなら、やはり間主観的な妥当性をもつでしょう。だとすれば、ここに真理ということばを使ってもよいはずです。ただし、それによって実証主義が立てた区別がなくなるわけではありません。科学的真理については経験や観察による事実との照合や論理的整合性との照合が討議のなかで提示されなくてはならないのにたいして、倫理的判断の真理性は人びとがそのような事態を本心から望むということに支えられます。

第18章で紹介した討議倫理学者のハーバマスやアーペルや第13章で紹介したロールズがともに合意によって彼らの倫理理論を基礎づけているのは、まさに彼らが間主観性の発見と言語論的転回のあとに登場し、それらの問題提起を受けとめた哲学者であるからにほかなりません[7]。

5　倫理学と真理論

それでは、結局、どうなのか。倫理については真理ということばを使うべきではないのか、使ってもよいのか、それともむしろ使うべきなのか――そう問いたくなるかもしれません。残念ながらこれにたいする一義的な答えはありません。形而上学を基礎とする倫理理論の主唱者は、その論拠が経験を介さずに見出されたがゆえに、その論拠とそれに支えられた倫理規範は真理だと主張するでしょう。実証主義者はこれに反対し、真理ということばを科学だけに使うためにとっておくでしょう。とくに情動説の支持者は倫理においては真理や、したがって認識や認知ということはありえないと主張するでしょう。間主観性の真理観を奉じる論者のなかには、倫理規範についても、みながそれに賛同できるということはみながそれを認知したということだと考え、それゆえ真理ということばを使ってもよいと主張する論者もいるでしょう。ハーバマスはそのひとりです。このように真理という概念の意味が多義的であるゆえに、本書は真理ということばを使うのを避けてきたわけです。

しかし――こういう問いが出るかもしれません――本章**3**には、実証主義によって形而上学的な倫理理論が批判されたとあり、**4**には、言語論的転回の過程で功利主義もまた批判されたとあり、さらには実証主義の主張が間主観性の真理観のなかに吸収されたといわれ、そのうえで、間主観性の真理観に対応しているのは討議を通しての合意を規範の基礎とする倫理理論だと記されている。だとすれば、結局、その種の倫理理論が最も真理に近いといえるのではないか。少なくとも今の時点ではそうなのだろう。なぜなら、倫理学にも他の学問ないし科学と同様に、やはり進歩というものがあるのだろうから、と。

この問いにただちに「そのとおりだ」と答えることはできません。第14章註（6）にふれた正統性と正当性の違いにふたたび言及しましょう。正統性とは手続きによる正しさで、正当性とは中身による正しさです。もしも、上述の質問を出した方が討議を通しての合意を基礎とする倫理理論は他の理論に比べて主張の内容の点で優れていると考えるなら、それは誤解です。討議して合意する過程は手続きにすぎません。手続きそれ自体は討議される内容を作り出しません。討議に供されるのは特定の内容をもつ倫理観です。すると、上述の質問を出した方がひょっとすると時代遅れだとみなしたようなさまざまな既存の倫理理論に裏づけられた見解がそこに登場してくるわけです。いやそれどころか、倫理とはつまるところ人間生活の規範ですから、理論的に洗練されていようがいまいが、これまで伝統的に形成されてきた多種多様な生活形態や生き方が討議に供されうる候補であるでしょうし、さらには、今後現われてくるかもしれない、これまで考えられたことのないような新たな生き方や生活形態もまた将来に討議されうる候補たりうるでしょう。現時点に進行中の事態の例を挙げれば、たとえば、結婚という古馴染みの制度は、同性同士にも認められることで意味を変容していくでしょうし、家族という生活形態も、その実質はかなり変わってきましたし、これからも変わってゆくかもしれません。こうした討議されるべき候補の多種多様を考えると、討議による合意が現代において有力な考え方だという事態は、合意を得て確定されたことが教えとして流通するというよりも、今後も討議はつづくし、つづけるべきだということを示唆しているのです。

合意される内容がなお未定かもしれないというだけではありません。正統性についても疑念や批判が投じられることがありえます。私たちが討議して合意して決めるといっても、その「私たち」とは誰を指すのか、ほんとうにすべての人間が等しくあつかわれているのか。第19章から第21章にかけて紹介した議論はまさにそこを突きます。ギリガンは女性の見方が等閑視されてきたことを「もうひとつの声」と表現しました。ヨナスの責任原理は未来世代の人間への配慮を、さらには人間以外の自然への顧慮をも促しました。レヴィナスの同の概念、デリダの法の概念は「私たち」が含んでいる排除性を抉《えぐ》り出しました。

すると——こう嘆くひとが出てくるかもしれません——倫理学には「より正しい」といえる理論さえないのか。結局、倫理学は、いずれは到達する真理にまだ行き着いていない、発展途上にあるということか、と。

私の理解では、そうでありません。むしろ、これは倫理学が人間の生き方と人間という存在に密接に結びついている学問であるゆえに起こることです。

ある倫理規範がその内容ゆえにただちに正しいとはいいがたい、つまり正当性が確定されがたいということは、過去から現在にいたるまで人間が展開してきた生き方や生活形態が多種多様であり、しかも現時点では予想できない生き方と生活形態が未来に現われることもありうるからです。これらの生き方や生活形態とは、結局のところ、人間が生み出したもの、生み出すものにほかなりません。つまり、人間の可能性に由来することです。

他方、私たちの合意の正統性になお疑義が寄せられるということは、人間という存在に由来します。

なぜなら、人間は自分にとって都合のよいことを追求するばかりでなく、それを超えたものをも顧慮する存在だからです。したがって、私たちが合意して決めるといっても、必ずしも私たちのあいだでの利益のやりとりや取引だけに終始するとはいいきれず、私たちの利害を超えた次元をも顧慮することもありえます。人間を超えたものへの顧慮とは、たとえば、伝統を顧みれば、神の存在の想定や、人間がそのなかに位置づけられる万物の秩序を意味する自然法の想定はそれですし、カントの理性の事実（傾向性によらず、道徳法則がそれだけで意志を規定できること）やヘーゲルの絶対精神の概念は人間そのものが超越する動きにほかならず、現代の議論でも第20章に言及したヨナスの自然哲学や第21章に紹介したレヴィナスの欲望の概念もその例だといえましょう。

いや、それでは間主観性の哲学から過去に逆戻りするようなものではないか――こう反論する方がおられるかもしれません。しかし、人間を中心に据えて考えるということは、人間を人間がこれまで示してきた可能性を切り捨てた存在にしてしまうことを意味しません。とはいえ、人間を超越した存在者の援用はえてして唾棄《だき》すべき自己擁護と結びつきます。そこに用心しなくてはいけません。実際、人間はこれまで繰り返し、自分たちの仲間（特定の思想信条・宗教の人びと、特定の民族、特定の国家、さらには他の生き物ではない人類）だけが超越的な存在者による格別の加護にあずかっていると主張し、それ以外の者（他の思想の持主、他の民族、他の国家、人間以外の自然物）を排除し、蹂躙《じゅうりん》し、搾取してきました。そういうことはもはや起こらないとは断言できもしないでしょう。しかし、その発想は反面、なぜ自分たちだけが擁護されうるといえるのかという自問を呼び覚まします。

人間は――利己的でありながら奇妙にも一面では――この問いに煩わされる存在者でもあります。すなわち、「私たち」が合意によって決めたことが「私たち」を超えた存在者（そのさいに、仲間以外の人間をも包括する人類全体が想定されるのであれ、神が想定されるのであれ、人間以外の生き物や自然が想定されるのであれ）からみても賛同されうるように望む一面を――いいかえれば、「私たち」を超えた審級においても正しいとされるように望む一面を――もっています。ここに、私たちによる討議のなかで「私たち」を超えるものを顧慮する意見が出される可能性が、たとえわずかであれ、存在します。ですから、私たちがそのような意味での人間であることにおいて、私たち人間は倫理学のなかに、もう決まっていてそれを教え込まれて身につければすむだけの真理という意味での「正解」をもちません。倫理学は、善悪いずれの方向においても人間は何をなしうるか未定の存在者であるという意味で、人間の可能性とともにあるのです。

第22章　註

（1）Descartes, R., *Oeuvres de Descartes*, t. VII, *Meditationes de prima philosophia* ［1641］, par C. Adam et P. Tannery, Léopold Cerf Imprimeur Editeur, 1904, p. 32（「省察」、『世界の名著　デカルト』、野田又夫責任編集、中央公論社、一九七九年、二五二頁）。

（2）「ゆえに」で結ばれていますが、この文は「我思う」という前提から「我あり」という結論が導出される推論ではなく、「我思う」と「我あり」が一体の事態だという直観を表わしています。私が自分の存在を疑うとしてもそう疑っている私は存在しているのですから、この直観を否定しようとすると第18章**2**に説明した遂行的矛盾に陥ります。

（3） フッサールはこの事態を私の我と他の我とが「対になる」と表現しています（Husserl, E., *Cartesianische Meditationen, Husserliana*, Bd. I, Kluwer Academic Publishers, 1963［1931］, S. 141. 邦訳は、『デカルト的省察』、浜渦辰二訳、岩波書店、二〇〇一年、二〇〇頁）。

（4） 言語論的転回に大きく影響したのはヴィトゲンシュタインでした。ことばに対応する意味が心のなかにあるという想定を彼は打ち崩しました。ただし、その『論理哲学論考』の末尾にある「語りえないものについては沈黙しなくてはならない」（Wittgenstein, L., "Tractatus logico-philosophicus"［1921］, in *Schriften*, Bd. I, Suhrkamp Verlag, 1960, S. 83. 邦訳は、「論理哲学論考」、『ウィトゲンシュタイン全集1』、奥雅博訳、大修館書店、一九七五年、八三頁）ということばは、命題として語りえないものについては命題のようにあつかってはいけないという戒めとして論理実証主義の登場を促しましたが、ヴィトゲンシュタイン自身はたんなる実証主義者ではなく、語りえないものにたいする鋭敏な意識をもっていました。

（5） もっとも、「その本人だけにわかる」とはどういうことでしょうか。誰かが「他人にはわからないだろうが、私には私だけにわかる思いがある」と主張したところで、他のひとにはほんとうにそうなのか、それともそのひとが嘘をついているのか、あるいは思い違いをしているのかを確かめようがないのですから、上の表現は実際には何も伝えていないのではないかと疑うことができます。

（6） 第2章註（8）を参照。

（7） もっとも、討議者が無知のヴェールをかけられているロールズの原初状態（第13章）が思考実験であるのにたいして、討議倫理学の現実的コミュニケーション共同体（第18章）では、討議者は現実の社会の一員であって自分の利害や善の構想を具体的にわきまえており、それを代弁することができる者として想定されているという違いがあります。

あとがき

もはや数年前のことになる。ナカニシヤ出版の編集者津久井輝夫さんから「倫理学概論を書きませんか」と勧められた。倫理学概論――。私は現にその名を冠した講義を担当しており、その担当者となる前に行なった講義を含めれば、その時点ですでに一五年以上、その種の講義をしてきたのだった。そういう人間が「書けない」と断われば、おかしな話であるはずだった。しかし、一冊の書物となると、毎年、一過的に消えてしまう講義以上に、「概論」の名にふさわしい広い目配りと深い洞見と整序された構成、それを可能にするたゆまぬ研鑽が反映されたものであることが望まれるし、そうあってしかるべきである。恥ずかしい話だがとまどいとためらいが思わず口から漏れてしまった。「私に書けるでしょうか」。すると、津久井さんは間髪を容れず、こういわれた。「書けないひとには頼みません」。

津久井さんは、長年、鋭い鑑識眼によって優れた書物を送り出してきた名うての編集者である。このさい、私は自分の能力よりも津久井さんの眼力を信頼することにして本を書くことにした。そうしてできたのがこの本である。

ただし、書名は概論ではなく、『倫理学の話』とさせていただいた。この命名はあながち逃げというばかりではない。目の前にいる誰かにゆっくり話すような調子でもって、しかもその誰かは必ずしも大学の講義を受けている若いひとにかぎらず、学校を出たひとたちやこれから大学に進む高校生などさまざまな年齢層のひとたちに向けて書いてみたかったからだ。私の念頭には、秋の夜長の余暇にラジオに耳を傾けている情景があったかもしれない。むろん、これは時代外れの想像であろう。四六時中、携帯が鳴り、メールが届き、何かを調べるならインターネットの検索エンジンがたちどころに(玉石混淆《ぎょくせきこんこう》であれ)大量の情報を用意する今日、じっくり考えなくてはならないテーマについてゆっくり話すというスタイルがどれほど迎え入れられるだろうか。とはいえ、私のこれまで書き記したものにもなにがしかの反響があった。この本も必ずやどなたかのもとに届くに違いない。

倫理学の研究者たちには、この本の構成は混乱しているようにみえるかもしれない。プラトン、ホッブズ、そのあとでトマス、つぎがヒューム……時代からすると、まるで、スイッチバックしているような進行だ。そのうえ、アリストテレスがこんなところに! どうしてこの順番なのか。なぜ、この哲学者をとりあげて、あの哲学者に言及しないのか。

しかし、歴史の順に哲学者を並べるなら、私が書くよりも、それぞれの専門家が一章ずつ書いたほうがよい。しかも、私たちは特定の時代と特定の文化に染まって生きているのだから、まっさらな頭でもって時代をたどることはできない。たとえば、プラトンの次にアリストテレスに言及するより、共同体主義からアリストテレスに進むほうが分かりやすいかもしれない。いわば、画家がある特定の大きさの特定の形の特定の色彩の面や線をキャンバス上に布置することで作品を構成していくように、私は、倫理学とはどのような学問かという本書の主題についての今現在の私の考えをこの分量で伝えるのに適切だろうと考えて、理論を選び、この順序で紹介し、本書を作り上げたにすぎない。

プラトン、ホッブズを先頭にもってきたのは、「倫理（道徳）を自己利益にもとづけるアプローチ」としてまとめたからだが、しかしまた、この両者を——さらにつぎにトマスを——紹介することで、異なる倫理理論のあいだには（さらに、この場合には、その背景にある自然観のあいだには）ずいぶん違いがあるものだと感じていただきたく、しかも、それぞれの倫理理論にたいするご自身の反応を介して自分自身をふりかえる思考を試みていただきたかったからである。というのも、第2章4にも書いたように、倫理学（道徳哲学）という学問はなにがしか自分自身が変わる契機を含んでいると考えるからだ。第8章にパウロとカントを並べたのはカント解釈としては粗すぎるが、人間の尊厳の概念の背景にあるユダヤ－キリスト教の伝統への言及がこの伝統に属さない日本での入門書には不可欠だと（キリスト教徒ならざる）倫理学研究者として判断したからである。

しかし、画家とは違って、私が布置按配するものはそれ自身の強固な主張をもつ思想だから、たとえば、アリストテレスとヘーゲルを「共同体主義の系譜をさかのぼる」という章題のもとで語りつつも、両者の思想が共同体主義に収斂《しゅうれん》できない独自の広がりをもつことにふれずにはすまなかった。他方、本書がその指摘から始まる倫理と倫理学の区別や、第2章の「倫理の好きなひと／嫌いなひと、倫理学の好きなひと／嫌いなひと」については、もっと分量の多い倫理学入門書でも言及されるとはかぎらない。大学で関連する授業を教えるひとのなかにも、本書にいう「倫理は好きだが、倫理学の嫌いなひと」がいないわけではない。これにたいして、ひょっとすると本書は、倫理という語に反発を覚えるひとにも倫理学になにがしかの関心をもってもらえるきっかけになるかもしれない。いずれにしても、私は本書の構成が最適だとも、いわんや唯一だとも主張しない。したがって、この本の題名を英訳するなら、*A Talk about Ethics* であって、*The Talk about Ethics* ではない。

本書ができあがった今、冒頭に記した事情から、何よりも津久井輝夫さんに感謝のことばを申し述べる。と同時に、お詫びも申し上げなくてはならない。私が他用にかまけて愚図愚図しているうちに、津久井さんは定年を迎えてしまわれたからだ。津久井さんの後を若手の編集者の石崎雄高さんが継いでくださり、本書は日の目を見た。つぎに、この程度の本を著わすにもこれまで教えを受けてきた方々に多くを負っていることは明らかで、そのお名前を挙げることはしないが、その方々に謝意を表する。引用にあたっては先人の邦訳のおかげをこうむっていることはいうまでもない。複数の邦訳があるものについては原著の典拠を記したあとに一種類の邦訳を挙げてその対応箇所を付記し、プラトン、アリストテレス、カントのように引用の慣習が確立している哲学者については慣習にのっとった。ただし、言及した邦訳の表記や表現を変えた箇所があることをお断わりしておく。そして、形のうえでは最後だが、気持ちのうえではけっして最後にではなく、私は私の倫理学の講義を受講した現在の勤務校の関西大学、以前の勤務校の広島大学、その他の大学および大学院の学生諸君に感謝する。私の講義を真摯《しんし》に、かつまた、楽しみながら受講してくださった人びとの反応なしには、本書ができあがることはなかった。

表紙の写真は、ベルリンのユダヤ博物館に展示されているメナシェ・カディシュマン（Menasche Kadishman）のインスタレーション「落葉（Shalechet）」で品川が写したものである。このインスタレーションは、三階まで吹き抜けの、壁の上方の隙間からあかりをとる空間のなかに展示されている。重い鉄の円板を切り取って作られた、口を開けた顔、顔、顔が、およそ一万枚、その床面を覆って敷き詰められている。展示されている場所ゆえに、ショアーで殺害されたユダヤ人のことを連想する。訪れた者はそれらの円板の上を歩き回るように導かれる。足を踏み出すごとに、円板は動き、こすれ合い、ノイズを立てる。……ノイズ？　だが、自分は苦しんでいる人びとの呼び声もあたかもたんなるノイズのように聞き流してしまっているのではないか？　ふと振り返ると、上方の隙間から漏れさす光が一枚にあたって、白い顔面が浮き上がった。その一枚の材質は他のそれと変わらない。ただ偶然の角度からそういうことが起きたのだった。私はその視線に貫かれた――。作者カディシュマンは惜しくも今年の五月に亡くなった。この写真を使用する許可を与えてくださった、作者の娘にあたるマヤ・カディシュマン（Maya Kadishman）さんのご厚意にたいしてここに謝意を記す。

二〇一五年五月

品川哲彦

A–Z

『法の哲学』(*Grundlinien der Philosophie des Rechts*)　201
『ホッブズ　その思想と体系』(*Hobbes's System of Ideas*)　52
『ホッブズの政治学』(*Hobbes' politische Wissenschaft*)　53
ホロコースト(holocaust)　229, 235
本体としての人間(homo noumenon)　85, 94, 209, 224, 239, 240

マ　行

未決問題論法(open question argument)　25, 253
未来倫理(future ethics)　225, 228–230
『ミル自伝』(*Autobiography of John Stuart Mill*)　126
無知のヴェール(veil of ignorance)　153, 157, 158, 160, 165, 168, 174, 198, 226, 260
メタ倫理学(metaethics)　10, 11, 13, 16, 17, 19, 21, 132, 253
『もうひとつの声』(*In a Different Voice*)　223
目的因(causa finalis)　55
目的の国(Reich der Zwecke)　90, 103, 153, 162, 209, 239
目的論的自然観　54, 55, 60, 62, 63, 234
物語(narrative)　177
モラル・ハザード(moral hazard)　135

ヤ　行

『野生の歌が聞こえる』(*A Sand County Almanac*)　234
友愛(fraternity)　160, 176
ユダヤ教(Judaism)　10, 229
欲望(désir)　239, 258

ラ　行

『リヴァイアサン』(*Leviathan*)　52
理性(reason, logos[ギ], ratio[ラ], Vernunft[ド])　35–37, 45, 46, 57, 70–73, 75, 80, 81, 83–86, 97, 98, 102, 183, 197, 251–253, 258
理性的動物(zoon logon echon[ギ], animal rationale[ラ])　57, 66
律法(nomos)　97–100, 104
リバタリアニズム(libertarianism)　163, 167, 178, 179, 222
リベラリズム(liberalism)　147, 161, 163, 172, 175, 192, 198, 203, 210, 211, 222
リベラル(liberal)　156, 161, 163
『倫理学原理』(*Principia Ethica*)　17, 25
倫理思想史(history of ethics)　9
『倫理と言語』(*Ethics and Language*)　26
類(genos[ギ], genus[ラ])　66, 238
『歴史』(*Historiai*)　40
労働(labor)　141, 144, 146, 147, 150, 236, 237, 243
労働所有論(labor theory of property)　166, 171, 237
『ローマ人への手紙』(*Epistola ad Romanos*)　96, 97, 104
「ローマ人への手紙第七章とパウロの人間論」(„Römer 7 und die Anthropologie des

道徳性の発達理論(theory of moral development)　213, 214, 218
道徳的妥当／社会的妥当(moralische Geltung / soziale Geltung)　204, 211
『道徳的に考えること　レベル・方法・要点』(*Moral Thinking Its Levels, method, and Point*)　135
『道徳と立法の原理序説』(*An Introduction to the Principles of Morals and Legislation*)　116
『道徳の系譜』(*Zu Genealogie der Moral*)　40
『道徳の言語』(*The Language of Morals*)　15
道徳法則(moralisches Gesetz)　82, 84–87, 89, 90, 93, 94, 98, 99, 101, 102, 107, 127, 183, 187, 198, 201, 216, 239, 240, 258
同類感情(fellow-feeling)　74, 76
徳(arete[ギ], virtus[ラ], virtue)　33, 72, 140, 143, 181, 183, 187–189, 221, 222
土地倫理(land ethic)　230, 232

ナ　行

『ニコマコス倫理学』(*Ethica Nicomachea*)　148, 149, 189
二重結果説(double effects theory)　135
人間性(Menschheit[ド], humanity)　13, 89, 92, 99, 243
『人間本性論』(=『人性論』)(*A Treatise of Human Nature*)　77, 150
ノブレス・オブリージュ(noblesse oblige)　156
ノモス(nomos)　30, 32, 33, 37, 39

ハ　行

『バイオエシックスの基礎づけ』(*The Foundations of Bioethics*)　14, 95
ハインツのディレンマ(Heinz's dilemma)　213, 216
パターナリズム(paternalism)　118, 120, 122, 126
『パンセ』(*Pensées*)　67
万人の万人にたいする戦い(the war of all against all)　43, 45, 46, 181
『美徳なき時代』(*After Virtue*)　180
ピュシス(physis)　30, 32, 33, 37, 39
平等　44, 46, 49, 53, 96, 145, 148, 152, 153, 155–157, 161, 187, 203, 209, 216, 218, 227
負荷なき自我(unemcumbered selves)　174, 175, 177, 198, 210
武士道　6
普遍化可能性(universalizability)　135
普遍化原則(Universalizierungsprinzip)　204, 205
普遍妥当性(allgemeine Gültigkeit)　12, 83, 91, 94, 220
普遍的指令説(universal prescriptivism)　132
プライヴァシー(privacy)　121
『プラトン』　41
『プラトンの哲学』　41
弁証法(Dialektik)　192, 195, 197, 200, 201, 240
法学　23
『法の力』(*Force de Loi*)　244

善意(benevolence)　72, 113, 143, 144, 156, 160, 168, 170, 174
選好(preference)　132, 134, 135
『全体性と無限』(*Totalité et Infini*)　243
善にたいする正の優先(primacy of right to good)　161, 172
線分の比喩　41
「臓器移植の必要性」("The Survival Lottery")　135
相互主観性(Intersubjektivität)　249, 251
『創世記』(Bereshit[へ], Genesis)　149, 150
即且対自(an und für sich)　195
即自(an sich)　192, 193
尊厳(Würde[ド], dignity)　90, 91, 95, 100, 104, 148, 240

タ　行

対自(für sich)　194
太陽の比喩　37, 39
他者危害原則(harm to others principle)　120-122
魂(psyche)　34, 36, 37, 109, 140
魂の不死の要請(das Postulat der Unsterblichkeit der Seele)　101
『たんなる理性の限界内の宗教』(*Die Religion innerhalb der Grenzen der bloßen Vernunft*)　93, 105, 106
知性とものの一致(adaequatio rei et intellectus)　245, 248
超越(transcendence, Transzendenz[ド])　56, 92, 96, 98, 100, 103, 239, 251, 258
超越論的(transzedental[ド], transcendental)　209, 212
直観(intuition, Anschauung[ド])　102, 128, 130-134, 136, 259
罪(hamartia[ギ], sin)　97-99
定言命法(kategorischer Imperativ)　84
『ティマイオス』(*Timaios*)　63, 67
適合方向(direction of fit)　25
適法性(Legalität)　82
哲学　23
「哲学者たち」(„Die Philosophen")　93
哲学的問答法(dialektike)　31, 38
『哲学の変換』(日本で編纂された本で対応する原著なし)　233
『デカルト的省察』(*Cartesianische Meditationen*)　260
『天体の回転について』(*De revolutionibus orbium coelestium*)　67
当為(Sollen[ド], ought)　21, 57, 60, 98
討議倫理学(Diskursethik)　203-205, 207-210, 226, 254, 260
『統治二論』(*Two Treatises of Government*)　53, 144, 149
『道徳意識とコミュニケーション行為』(*Moralbewußtsein und kommunikatives Handeln*)　212, 223
『道徳原理の研究』(*Concerning the Principles of Morals*)　78, 161
道徳性(Moralität)　82
『道徳性の形成』(*Stage and Sequence*)　223

『出エジプト記』(Shemoth[へ], Exodus)　66, 170
『純粋理性批判』(*Kritik der reinen Vernunft*)　94, 105
止揚(aufheben)　194, 200
情動説(emotivism)　19–21, 65, 76, 251, 252, 255
情報倫理学(information ethics)　21
所有(property)　146, 174, 193, 236, 237, 239
自律(Autonomie[ド], autonomy)　84, 86, 89, 90, 98–100, 127, 219, 222, 230, 239
指令(prescription)　11
人格(Person[ド], person)　21, 50, 88, 89, 91, 99, 159, 160, 195, 222
『神学大全』(*Summa Theologiae*)　66, 149
審級(instance)　144, 149, 169, 171, 232, 259
新プラトン主義(Neo-Platonism)　59
人倫(Sittlichkeit)　197, 198, 203
『人倫の形而上学』(*Die Metaphysik der Sitten*)　92, 190
『人倫の形而上学の基礎づけ』(*Grundlegung zur Metaphysik der Sitten*)　92–94
遂行的矛盾(pragmatischer Widerspruch)　207–209, 259
ストア哲学(Stoicism)　150
正義(justice, dikaiosyne[ギ], nomos[ギ])　11, 21, 34, 35, 72, 101, 102, 104, 109, 113, 116, 139–144, 148, 151–153, 155–162, 165, 166, 168–170, 173, 174, 196, 203, 210, 211, 215, 217, 218, 220, 221, 223, 226, 227, 230, 232, 233, 235, 241, 242
　匡正的――(justitia correctiva[ラ], corrective justice)　140, 141, 149
　交換的――(justitia commutativa[ラ], commutative justice)　141
　世代間――(intergenerational justice)　226, 227
　分配的――(justitia distributiva[ラ], distributive justice)　140, 141, 149, 155, 167–169, 173, 231, 237
『正義と境を接するもの』　224
『正義のフロンティア』(*Frontiers of Justice*)　191
正義の倫理(ethic(s) of justice)　218, 221, 224
『正義論』(*A Theory of Justice*)　161, 170, 223, 233
制作(poiesis)　186
『省察』(*Meditationes de prima philosophia*)　259
政治学　24
『政治学』(*Politica*)　67
正当性(justification)　170, 256, 257
正統性(legitimacy)　167, 170, 236, 256, 257
生命への畏敬(reverence for life, Ehrfurcht vor dem Leben[ド])　95
生命倫理学(bioethics)　21
責任(responsibility, Verantwortung[ド])　21, 218, 227–230, 232
『責任という原理』(*Das Prinzip Verantwortung*)　229, 233
世俗化(secularization)　96, 100
善(good)　11, 16–18, 21, 22, 35, 39, 50, 51, 57–59, 61, 63, 64, 68, 69, 75, 76, 81, 83, 85, 86, 99, 107–109, 111, 113, 119, 126, 129, 131, 134, 152, 154, 155, 159, 160, 167, 175, 182, 185, 186, 203, 211, 213–215, 218, 228, 229, 231, 260

国家(state, Staat[ド]) 34-36, 43, 47, 51, 121, 122, 147, 148, 160, 167, 168, 195, 197-204, 211, 241, 258
『国家』(*Politeia*) 33, 34, 40
『コペルニクス革命』(*The Copernican Revolution*) 66
コミュニケーション共同体(Kommunikationsgemeinschaft) 209, 210, 226, 260
コモン・ウェルス(common wealth) 52
『コリンズ道徳哲学』(*Moralphilosophie Collins*) 14
『ゴルギアス』(*Gorgias*) 30, 34, 40

サ　行

最高善(das höchste Gut) 101, 103-105
サイコパス(psychopath) 74
最上善(das oberste Gut) 99
最大多数の最大幸福(the greatest happiness of the greatest number) 111
作為／不作為(action/omission) 130, 131
作用因(causa efficiens) 55, 56, 66
慈愛(charitas[ラ], charity) 142, 143, 168, 170
自殺 53, 86-91, 95
「自殺について」("Of Suicide") 95
自然権(right of nature) 46, 47
自然主義的誤謬(naturalistic fallacy) 25
自然状態(state of nature) 43, 45, 46, 48, 51, 52, 145, 151, 152
自然法(law of nature, natural law) 46, 47, 57, 58, 61, 145, 151, 199, 251, 258
自然本性(natura[ラ], nature) 39, 57, 58, 60, 62, 64, 156, 167, 178, 182, 188, 253
実証主義(positivism) 19, 20, 249, 251-255
実践(praxis) 186
実践知(phronesis) 185-187
『実践の倫理』(*Practical Ethics*) 117
『実践理性批判』(*Kritik der praktischen Vernunft*) 93-95, 105, 106
『実存主義とは何か』(*L'existentialisme est un humanism*) 67
質料(hyle)
質料因(causa materialis) 55
『資本主義の倫理』(*Ethik des Kapitalismus*) 67
市民社会(bürgerliche Gesellschaft) 195-197, 199, 201, 204, 211
社会契約論(social contract theory) 42, 43, 144, 147, 148, 150, 151, 160, 172, 176, 198, 201, 216, 237, 240
種(eidos[ギ], species[ラ]) 66
自由主義 →リベラリズム
『自由主義と正義の限界』(*Liberalism and the Limits of Justice*) 180
習性(hexis[ギ], habitus[ラ]) 139, 183
『自由論』(*On Liberty*) 118, 126
種差(differentia specifica) 66
種差別(speciesism) 116

ギュゲスの指輪　34, 37, 49, 158
共感(sympathy)　74-77, 79, 109, 221, 222, 252
共同体主義(communitarianism)　172, 173, 176-179, 181, 188, 192, 196, 198, 199, 203, 210, 211, 220, 221
キリスト教(Christianity)　6, 56, 57, 96, 100, 104, 143, 148
『銀の匙』　22, 26
グローバリゼーション(globalization)　178, 179, 201, 222
グローバル・エシックス(global ethics)　21
ケア(care)　218-222, 224, 225
ケアの倫理(ethic(s) of care)　218-225
経営倫理学(business ethics)　21
傾向性(Neigung)　81, 82, 84-86, 93, 98, 99, 102, 103, 127, 181, 239
経済学　24
形式主義(Formalismus)　83, 86, 87, 209
形而上学(metaphysics)　37, 39, 64, 65, 68, 69, 76, 103, 105, 151, 153, 188, 209, 249, 251, 255
『形而上学』(*Metaphysica*)　65
形相(eidos)　56, 59, 60, 246
形相因(causa formalis)　55
「啓蒙とは何か」(„Beantwortung der Frage: Was ist Aufklärung?“)　190
権原(entitlement)　165, 167, 168, 170, 237
『言語，真理，論理』(*Language, Truth, and Logic*)　25
言語論的転回(linguistic turn)　253-255, 260
「原始契約について」(“Of the Original Contract”)　150
現象としての人間(homo phaenomenon)　85, 94, 209, 224, 239
原初状態(original position)　152, 155, 158, 160, 165, 174, 226, 227, 260
権利(right, Recht[ド]，droit[フ])　11, 21, 112, 113, 130, 131, 141, 143, 151, 153, 154, 159, 160, 166, 193, 203, 210, 216, 217, 219-221, 227, 241
工学倫理学(engineering ethics)　21
公正(な)(fairness(fair))　164, 223, 241, 242
功績(axia[ギ]，merit)　140-142, 152, 157, 222
幸福(happiness, eudaimonia[ギ])　34-37, 49, 81, 83-85, 87, 89, 101-111, 113, 114, 118, 119, 121, 123-126, 128, 133, 134, 139, 148, 151, 181, 182, 215, 222, 239
公平(impartiality)　12, 216, 219
衡平(epieikeia[ギ]，equity)　185-187, 221
功利主義(utilitarianism)　94, 107-109, 111-114, 118, 121, 124, 127-135, 148, 151, 187, 216, 222, 230, 240, 253, 255
　規則――(rule utilitarianism)　113, 133
　行為――(act utilitarianism)　113, 133
「功利主義論」(“Utilitarianism”)
功利性の原理(principle of utility)　107
『心の発生と進化』(*Original Intelligence*)
互酬性(reciprocity)　76, 214
悟性(Verstand)　102

イデア(idea)　38, 39, 41, 59, 190, 246
『ヴェニスの商人』(*The Merchant of Venice*)　168, 170
内なるひと(eso anthropos[ギ], homo interior[ラ])　97-100, 105
「永遠平和のために」(„Zum ewigen Frieden")　202
王権神授説(kingship divine right theory)　52, 144
応用倫理学(applied ethics)　20, 21
恩寵(gratia[ラ], gratitude)　99, 102, 105
恩寵論争(controversia de gratia)　105

カ　行

快楽(pleasure)　17, 18, 36, 74, 107, 110, 114, 115, 124, 125, 127, 135
顔(visage)　238
『科学革命の構造』(*The Structures of Scientific Revolutions*)　26
『科学的発見のパターン』(*Patterns of Discovery*)　26
格差原理(difference principle)　157, 160, 163-166, 168, 172
格率(Maxime)　82-87, 91, 93, 94, 183, 198, 239
仮言命法(hypothetischer Imperativ)　84
神　51, 52, 56, 57, 66, 68, 84, 86, 95, 97, 99-105, 143-146, 151, 153, 229, 230, 232, 233, 248, 249, 251, 258, 259
神の現存の要請(das Postulat des Daseins Gottes)　101
神の像(Imago Dei)　104
「「神の像」再考——人間の尊厳の理論的基礎づけの試み」　104
環境倫理学(environmental ethics)　21
寛厚(libelitas)　143
間主観性(Intersubjektivität)　249-251, 253-255, 258
感情(sentiment, feeling, Gefühl[ド])　70-77, 109, 252
感性(Sinnlichkeit)　102, 239
慣性運動　52, 60
歓待(hospitalité)　235, 238, 240, 242
寛大(generositas)　142, 143
『歓待について』(*De l'hospitalité*)　244
「寛容について」("Epistola de Tolerantia")　147, 150
機械論的自然観　59, 60, 62, 63, 69, 232
帰結主義(consequentialism)　80, 87, 94, 107, 111
記述倫理学(descriptive ethics)　9, 10, 13, 16, 21, 30
傷つきやすさ(vulnerability)　222, 223, 225
『キッチン』　12
規範倫理学(normative ethics)　7-10, 12, 13, 16, 20, 21, 23, 28
義務(duty, Pflicht[ド])　13, 14, 21, 79-85, 87, 89-94, 113, 153, 183, 240
　完全——(vollkommene Pflicht)　90, 143
　不完全——(unvollkommene Pflicht)　91, 143
『義務について』(*De Officiis*)　149
義務倫理学(deontology)　79-81, 89, 187
義務を超える行為(supererogation)　113, 240

181, 199, 251

マ　行

マッキンタイア(Alasdair MacIntyre, 1929-)　177, 180
マックリーン(Anne Maclean, 1947-)　135
マルクス(Karl Heinrich Marx, 1818-1883)　67, 103
ミル(James Mill, 1773-1836)　126
ミル(John Stuart Mill, 1806-1873)　116, 118, 119, 121-127, 160
ムア(George Edward Moore, 1873-1958)　17, 18, 25, 253
ムーア(James H. Moor, ?-)　190
モーセ(Moses, BC13世紀頃)　66, 170
モリナ(Luis de Molina, 1535-1600)　105

ヤ・ラ・ワ　行

吉本ばなな(1964-)　12
ヨナス(Hans Jonas, 1903-1993)　138, 227-230, 232-235, 257, 258
ライプニッツ(Gottfried Wilhelm von Leibnitz, 1646-1716)　105
ルソー(Jean-Jacques Rousseau, 1712-1778)　43, 151
レヴィナス(Emmanuel Levinas, 1906-1995)　138, 235, 237-240, 243, 257, 258
レオポルド(Aldo Leopold, 1887-1948)　230-232, 234
ロス(Willian David Ross, 1877-1971)　14
ロック(John Locke, 1632-1704)　43, 47, 53, 144-148, 150, 151, 153, 163, 166, 171, 199, 237, 251
ロールズ(John Rawls, 1921-2002)　138, 151-153, 158-163, 165-169, 171-174, 176, 188, 198, 226, 227, 232, 254, 260
ワトキンス(John William Neville Watkins, 1924-1999)　52, 53

事 項 索 引

（括弧内に本文中に言及した箇所に対応する原語を付記している。複数の言語が挙げられている場合に限り，ギリシア語は[ギ]，ラテン語は[ラ]，ドイツ語は[ド]，フランス語は[フ]，ヘブライ語は[ヘ]と記して区別した。断わりのないものは英語である。書名については副題を省略した。）

ア　行

『愛の労働あるいは依存とケアの正義論』(*Love's Labor*)　224
『アウシュヴィッツ以後の神』(*Gedanken über Gott*)　234
悪(evil)　17, 30, 50, 51, 58, 61, 93, 107, 109, 111, 130, 213-215, 231
『アナーキー・国家・ユートピア』(*Anarchy, State, and Utopia*)　170
『イェルサレムのアイヒマン』(*Eichmann in Jerusalem*)　93
イギリス経験論(British empiricism)　76
一見自明の義務(prima facie duty)　14, 131-133

シラー(Johann Christoph Friedrich Schiller, 1759–1805)　93
シンガー(Peter Albert David Singer, 1946–)　112, 113, 116, 117
スティーヴンソン(Charles Leslie Stevenson, 1908–1979)　26
スミス(Adam Smith, 1723–1790)　70
ソクラテス(Sokrates, BC470?–BC399)　30–36, 125

タ・ナ 行

田中美知太郎(1902–1985)　41
デカルト(René Descartes, 1596–1650)　60, 245–250, 259
デリダ(Jacques Derrida, 1930–2004)　138, 235, 240, 242–244, 257
トマス(Thomas Aquinas, 1225?–1274)　56–58, 61, 66, 76, 101, 105, 143, 144, 149, 251
中勘助(1885–1965)　22, 26
ニーチェ(Friedrich Wilhelm Nietzsche, 1844–1900)　34, 40
ヌスバウム(Martha Craven Nussbaum, 1947–)　188, 191
ノージック(Robert Nozick, 1938–2002)　138, 163–172

ハ 行

パウロ(Paulo, 10?–67？)　96, 98–100, 104
パスカル(Blaise Pascal, 1623–1662)　62
ハチスン(Francis Hutcheson, 1694–1746)　70
ハーバマス(Jürgen Habermas, 1929–)　205, 212, 223, 254, 255
ハリス(John Harris, 1945–)　130, 131, 135, 136
ハンソン(Norwood Russell Hanson, 1924–1967)　26
ヒューム(David Hume, 1711–1776)　70–72, 74–78, 80, 94, 150, 161, 162, 221, 252
フィルマー(Sir Robert Filmer, 1588?–1653)　144
藤沢令夫(1925–2004)　41
フッサール(Edmund Husserl, 1859–1938)　249, 250, 260
フット(Philippa Foot, 1920–2010)　135
プトレマイオス(Klaudios Ptolemaios, 100?–170？)　66
プラトン(Platon, BC428/427–BC348/347)　29, 30, 36–40, 49, 50, 54, 63–65, 67, 76, 127, 140, 158, 190, 245, 251
ブルトマン(Rudolf Karl Bultmann, 1884–1976)　98, 104
ブルーノ(Giordano Bruno, 1548–1600)　67
プレマック(David Premack,1925–/Ann Premack,1929–)　76, 78
ヘア(Richard Mervyn Hare, 1919–2002)　15, 131–135
ヘーゲル(Georg Wilhelm Friedrich Hegel, 1770–1831)　87, 138, 172, 173, 192, 195–203, 210, 211, 240, 251, 258
ペラギウス(Pelagius, 354?–418？)　105
ヘルド(Virginia Held, 1929–)　224
ヘロドトス(Herodotos, BC5世紀)　40
ベンタム(Jeremy Bentham, 1748–1832)　17, 107–111, 113–116, 118, 125, 126, 135, 187
ホッブズ(Thomas Hobbes, 1588–1679)　42–54, 61, 62, 65, 76, 145, 151, 153, 158,

人名索引

ア　行

アイヒマン(Adolf Otto Eichmann, 1906–1962)　93
アウグスティヌス(Aurelius Augustinus, 354–430)　99, 105
アーペル(Karl-Otto Apel, 1922–)　209, 212, 226, 227, 232, 233, 254
アリストテレス(Aristoteles, BC384–BC322)　54–57, 59–61, 65–67, 108, 138–141, 148, 157, 162, 172, 173, 181–191, 221, 234, 245, 251
アーレント(Hannah Arendt, 1906–1975)　93
稲垣良典(1928–)　104
ヴィトゲンシュタイン(Ludwig Wittgenstein, 1889–1951)　260
ウィリアムズ(Bernard Arthur Owen Williams, 1929–2003)　135
ヴォルフ(Christian Wolff, 1679–1754)　105
ウリクト(Georg Henrik von Wright, 1916–2003)　11, 14
ウルピアヌス(Domitius Ulpianus, 170?–228)　116
エイヤー(Alfred Jules Ayer, 1910–1989)　19, 20, 25
エンゲルハート(Hugo Tristram Engelhardt, 1941–)　14, 95

カ　行

神野慧一郎(1932–)　78
ガリレイ(Galileo Galilei, 1564–1642)　59, 60
川本隆史(1951–)　171
カント(Immanuel Kant, 1724–1804)　13, 79–83, 86, 87, 89–95, 98–105, 107, 117, 127, 138, 148, 153, 159, 160, 162, 172, 181, 183, 187, 188, 190, 192, 197–199, 201, 203, 209–212, 216, 224, 239, 240, 251, 258
キケロ(Marcus Tullius Cicero, BC106–BC43)　116, 142, 144, 149, 150
キテイ(Eva Feder Kittay, ？–)　224
ギリガン(Carol Gilligan, 1937–)　216–219, 223, 256
クーン(Thomas Samuel Kuhn, 1922–1996)　26, 66
コスロフスキー(Peter Koslowski, 1952–)　67
ゴドウィン(William Godwin, 1756–1836)　135
コペルニクス(Nicolaus Copernicus, 1473–1543)　59, 67
ゴルギアス(Gorgias, BC483?–BC376？)　30
コールバーグ(Lawrence Kohlberg, 1927–1987)　213, 214, 216–220, 223

サ　行

サルトル(Jean-Paul Sartre, 1905–1980)　62, 67, 176
サンデル(Michael Sandel, 1953–)　162, 173, 174, 180, 198, 210
シェイクスピア(William Schakespeare, 1564–1616)　170
品川哲彦(1957–)　224
シュトラウス(Leo Strauss, 1899–1973)　53

■著者略歴
品川哲彦（しながわ・てつひこ）
1957年　神奈川県に生まれる。
1981年　京都大学文学部卒業。
1987年　京都大学大学院文学研究科博士課程単位取得退学。
現　在　関西大学文学部教授。哲学・倫理学専攻。京都大学博士（文学）。
著訳書　『正義と境を接するもの――責任という原理とケアの倫理』（ナカニシヤ出版，2007年），『倫理学入門――アリストテレスから生殖技術，AIまで』（中央公論新社，2020年），『21世紀の教養1　科学技術と環境』〔共編著〕（培風館，1999年），『自己と他者』〔共編著〕（昭和堂，1994年），*Dialog-Reflexion-Verantwortung*〔共著〕（Königshausen & Neumann, 2013），H. ヨーナス『アウシュヴィッツ以後の神』〔翻訳〕（法政大学出版局，2009年），R.M. ヴィーチ『生命倫理学の基礎』〔監訳〕（メディカ出版，2004年），他。

倫理学の話

2015年10月27日　初版第1刷発行
2024年4月11日　初版第7刷発行

著　者　品川哲彦
発行者　中西　良

発行所　株式会社　ナカニシヤ出版
〒606-8161　京都市左京区一乗寺木ノ本町15
TEL（075）723-0111
FAX（075）723-0095
http://www.nakanishiya.co.jp/

装幀・白沢正　印刷／製本・亜細亜印刷
＊乱丁本・落丁本はお取り替え致します。
ISBN978-4-7795-0971-1　Printed in japan

正義と境を接するもの
―責任という原理とケアの倫理―

品川哲彦

正義－権利の理論では適切に扱えない「人間の傷つきやすさ」と「生の損なわれやすさ」を掬い取る「責任という原理」と「ケアの倫理」とは。冷静、懇切に論じられる、もう一つの倫理のかたち。　四八〇〇円＋税

高校生と大学一年生のための倫理学講義

藤野　寛

哲学や倫理学は本来、若者にとってこそ面白い！　よい人生・死・性・ルールなどについての19回の講義で、自分で考える力を養う、本物の倫理学への入門書。巻末では倫理学の重要な用語を解説。　二二〇〇円＋税

哲学をはじめよう

戸田剛文・松枝啓至・渡邉浩一　編

従来の「哲学」イメージを払拭したい！　そんな想いで作られた若手哲学者たちによる入門書。私と他者、美、論理、数学、自由といったテーマを通し、あなたの「当たり前」を「驚き」へと導く。　二〇〇〇円＋税

完全な人間を目指さなくてもよい理由
―遺伝子操作とエンハンスメントの倫理―

マイケル・J・サンデル／林　芳紀・伊吹友秀　訳

著名な政治哲学者が、遺伝子操作やドーピングなど、医学的手段による能力向上がはらむ倫理的問題について、「贈られものとしての生」という洞察から熱く真摯に語る必読の一冊。　一八〇〇円＋税

＊表示は二〇二四年四月現在の価格です。